The Ballads of Kukutis

MARCELIJUS MARTINAITIS
The Ballads of
Kukutis

୨୭

Translated and introduced by
Laima Vincė

2011

Published by Arc Publications,
Nanholme Mill, Shaw Wood Road
Todmorden OL14 6DA, UK

Original poems copyright © Marcelijus Martinaitis 2011
Translation copyright © Laima Vincė 2011
Introduction copyright © Laima Vincė 2011

Design by Tony Ward
Printed in Great Britain by the MPG Books Group,
Bodmin & King's Lynn

978 1906570 26 2 (pbk)
978 1906570 27 9 (hbk)

ACKNOWLEDGEMENTS

Laima Vincė would like to thank the following journals and
anthologies in which versions of these translations first ap-
peared: *Artful Dodge, Lithuania: In Her Own Words, Modern
Poetryin Translation, The Poet's Voice, Two World's Walking,
Vilnius Review, Webster Review* and *Writ.*

Cover illustration:
Lithograph, 1971, by Petras Repšys,
by kind permission of the artist.

Supported by
**ARTS COUNCIL
ENGLAND**

**Arc 'Classics': New Translations of Great Poets of the Past
Editor: Jean Boase-Beier**

CONTENTS

Introduction: Kukutis as a Trickster Character / 8

According to the Lithuanian poet Marcelijus Martinaitis, Kukutis was the first Lithuanian to bypass the Soviet border control unnoticed. In the eighties Kukutis made his appearance in Sweden and since then he has travelled the globe, showing up around the world in fourteen separate translations. Luckily, Martinaitis has been able to catch up with Kukutis since Lithuania regained its independence in 1991, and is now himself a free citizen of the world.

Martinaitis's Kukutis character has a wooden leg. The wooden leg is a folkloric symbol of wisdom and also acts as the staff of the messenger. Because Kukutis can pass between worlds, he fulfils the role of messenger. This concept turned out to be prophetic as *The Ballads of Kukutis* has made its mark in a number of European countries. In fact, *The Ballads of Kukutis* is the most widely-read work of Lithuanian poetry outside of Lithuania. For Lithuanians Kukutis carried the message of freedom. Outside of Lithuania, Kukutis bore witness to the fragility and the tenacity of an occupied people's will to survive.

Poet, essayist, social activist, educator, Marcelijus Martinaitis was born in the village of Paserbentis in Western Lithuania in 1936. Martinaitis's childhood was marred by the invasions of two armies – the Soviet army occupied Lithuania in 1941 and 1944, and the Nazis occupied Lithuania in 1941. The Second World War did not end in Lithuania in 1944 after VE Day. Partisan warfare raged across the country until 1956 when fifty thousand Lithuanian men and women joined the armed resistance against the Soviet occupying forces during the post-war decades.

The Ballads of Kukutis is set in the Stalin era, during the forced collectivization of farms, when Lithuania's farmers lost their land and their agrarian lifestyles to the process of collectivization in which private farms were confiscated and united as

8

large collectively-run farms. During the Stalin and Khrushchev eras villages were flattened by bulldozers in order to create large expanses of arable land. These forced measures taken against an agrarian people whose entire world-view and religion was linked to the land had a devastating effect.

Martinaitis's hero, Kukutis, the trickster fool, lives through these dark times hardly noticing the processes taking place around him. In fact, his very existence is an affront to the local Soviet government. Not only is he incapable of following the laws and regulations of the new regime, he is utterly unable to understand them.

In an interview with Martinaitis conducted on 11 May 2006, Martinaitis talks about how, when he was growing up in his village in western Lithuania, there was a contingency of people who existed outside the realm of Soviet laws and regulations and beyond the limits of sanity. Through their madness, these people obtained an enviable inner freedom. Stalin's decrees did not touch them: they existed outside the realm of governance. Martinaitis recalls how as a child he'd sit for hours listening to these people tell their stories of the visions they'd had, of their incredible travels, of their meditations and ruminations.

The person of Kukutis is based on these village outsiders who managed to live their lives around the regime. Kukutis goes about his life untouched by the law, and therefore is a great inconvenience to the local Communist government. Not only does Kukutis live and function outside of regulation, he possesses the ability to pass between this life and the beyond: he is both animate and inanimate at the same time. He knows no borders or limits. He is a trickster character in the tradition of the Native American trickster tales.

In western Lithuania where Martinaitis grew up, the word 'Kukutis' was used as a nonsense word. People would jokingly refer to each other as 'Kukutises', especially in clumsy or awkward situations. But 'Kukutis' is also the name of a particular rare bird – a beautiful bird with a red crown – a bird one might glimpse only once in a lifetime. At the same time, the word 'Kukutis' is related to the Lithuanian word 'gegutė' – coo-coo bird. Martinaitis claims that the name 'Kukutis' came to him completely unexpectedly and from deep within his unconscious, as did the entire manuscript of poems. He wrote the poems quickly and rather effortlessly, with little revision. Years later he read that in Persian literature the name of the bird that acted as Solomon's messenger was 'Kukuts'.

Amazingly, Kukutis was able to infiltrate and evade censorship when *The Ballads of Kukutis* first made its appearance in 1977. Under the Soviet system, Lithuanian literature was censored and closely monitored by GLAVLIT, a Communist Party-run office that monitored literature and the activity of Soviet writers. The censorship process worked as follows. The writer presented his or her manuscript to the editor at the government publishing house. The editor would read the manuscript, making sure there were no obvious allusions that would catch the attention of the censors. These would be allusions such as religious references, mention of the partisan warfare of the postwar period, or ideas reminiscent of democracy or human rights. Once the editor was satisfied that the manuscript was acceptable, he passed it on to GLAVLIT and that Communist Party committee read it thoroughly, again searching for any allusions that could be considered anti-Soviet.

Obviously, the writer did not have the right to know who was reading his or her manuscript, not did he or she have access to the committee's comments on the manuscript. If anything suspicious were detected, it was the job of the editor to mediate with the writer and to ask that revisions be made. Once all changes were made, then the manuscripts would officially go before the Soviet Literature Committee who decided whether the manuscript would be published or not and who may or may not request more changes or omissions.

After all final changes were made, the manuscript would go to press. Once the first copy of the book was produced, it would be presented once again to GLAVLIT where it would be checked one last time for anti-Soviet references. This last step was particularly nerve-racking for both the editor and the writer, because if problems were discovered at this stage, all the printed books would need to be destroyed at the expense of the publishing house. Because this would be the worst possible scenario, many editors would end up taking out too much from a manuscript beforehand in fear of the final censorship. Luckily, few Russians in Moscow could read or understand Lithuanian. Double agents within the Communist Party and the publishing houses in Lithuania could slide 'dubious' manuscripts past the censors, thus creating an official local literary culture that was more open and expressive than that of |Soviet Russia.

In the case of *The Ballads of Kukutis*, nothing offensive was found by the censors with the exception of one mention of Stalin, which Martinaitis's editor suggested he remove not only for political reasons, but also because it grounded the magical quality of the poems too firmly in that one particular time period. Otherwise, Kukutis marched right past the censors and became the catalyst for revolution in the Baltics.

During the mass political rallies of the late eighties and early nineties, poems from *The Ballads of Kukutis* were chanted, sung and performed. People immediately connected with the character of Kukutis and in their minds and hearts felt that they were all Kukutises. Once this process had begun, there was virtually nothing the authorities could do to stop it.

With this English translation, Kukutis continues to travel the world, now taking not just the poet, but me the translator along with him on his adventures. I travelled to Soviet-occupied Lithuania in September 1988 on a Soviet student visa to study Lithuanian Literature and Ethnography at Vilnius University. I was determined to translate *The Ballads of Kukutis* and other work by Marcelijus Martinaitis into English. Although in retrospect my own brashness surprises me, it did not surprise Martinaitis. Professor of Lithuanian Literature at Vilnius University at the time, Martinaitis agreed to give me permission to translate *The Ballads of Kukutis* and worked with me in shaping the rhythms of the poems and fully understanding their meaning. Throughout the late eighties and early nineties, the ballads were published in a wide range of anthologies and poetry journals, but never as a whole collection. Twenty years later I returned to my original translation, but now with much more experience as a translator. This publication marks the first time all of the ballads are published together in English as a single collection.

Laima Vincė

THE BALLADS OF KUKUTIS

NAKVYNĖ PAS ŽEMAITĮ KUKUTĮ

Už miško, už miško –
pelėdos dvi akys,
pelėdų trobelė apsamanojus.
Nei gyvas, nei miręs,
pusiau jau apakęs,
už miško gyvena Kukutis vienkojis.

Kol ūkė apuokas,
kol kirvarpa ėdė sienoją,
kapai kol įdubo,
kol jautis giliai atsiduso, –
pasauliu keliavo pirmoji žinia apie Troją
ir pranešė radijas:
žemėj išnyko jau prūsai.

Kol šalys apaugo miškais
ir kol išmirė šlėktos,
gyvenimo pusę išgėrėm per naktį lig dugno.
Aš merkiau per stalą
liūdnai ir prislėgtai
vienturtei gražuolei –
kuprotai jo dukrai.

Kol merginau dukrą,
kol leido paimti už rankų –
sugriovę Berlyną,
vaikai vienakojai sugrįžo,
ir aš pražilau,
ir mes svarstėm,
kas šviečia padangėj:
gal Skuodo pašvaistė,
gal jau bombarduoja Paryžių?

SPENDING THE NIGHT AT KUKUTIS'S FARM

Beyond the forest, beyond the wood,
there where the owl's two eyes glow
stands the owl's cottage covered in moss.
Neither alive nor dead,
half-deaf,
there beyond the forest
lives Kukutis, the one-legged.

As the owl hooted,
as carpenter ants chewed the walls,
as the graves sank in,
as the bull let out a deep sigh –
the first news of Troy travelled the world,
and the radios announced
that the Prussians were extinct from the face of the earth.

While civilizations grew over with forest,
while Polish Lords died out,
we drank half our lives away in one night – bottoms up.
I winked across the table at his sad and dispirited
only daughter –
the lovely hunchback.

As I flirted with his daughter,
until he gave me her hand,
Berlin was destroyed,
and the children came home one-legged…
And I went grey
As we considered
what it was lighting up the sky:
maybe Skuodas burning?
or maybe they were bombing Paris?

Ir kol mes supratom,
kad mūsų riba – begalybė,
vienturtė jau meldės kampe
lyg susenus pelėda.
Kol kuprė žegnojos,
suiro kraštai ir valstybės
ir padais į šiaurę atsigulė žemėn žuvėdai.

Ir kol žemaičiavo jis vokiškai,
rusiškai,
lenkiškai,
lyg briedis, plačiai išsižiojęs,
siaurukas subliovė.
Ir pašvietė degantis dvaras,
kol pasilenkusi
sena Kukutienė kamaroj paklojo man lovą.

Ir baigės politika…
Miunchenas perdavė džiazą.
Lyg prūsų žirgai pririšti –
saksofonai sužvengė…
Knapsojom už stalo
gyvenimo pusę išdažę –
nei ačiū už Varšuvą,
anei už Prūsiją danke.

Ir kolei Kukutis
pritaisė sau dešinę koją,
vos lempą suspėjo uždegti –
ir šimtmetį visą gaidys išgiedojo
per vieną vieninelę naktį.

And until we understood
that our boundary was eternity
his one daughter prayed in the corner
like an aged owl.
As the hunchback crossed herself
nations and governments collapsed
and the Swedes lay down on the ground
with their toes pointing north.

And while he made his talk
sound like German
or Russian
or Polish
the departing train bellowed
like a moose with its mouth wide open.
A burning manor provided our light
as old Mrs. Kukutis,
hunched over to
make up my bed in the spare room.

As the politics were ending
Munich played jazz.
Saxophones whinnied
like tethered Prussian horses…
We hung our heads,
seated at the table, half our lives gone –
no thanks for Warsaw,
no danke for Prussia.

In the time it took for Kukutis to attach his right leg,
in the time it took to light the lamp –
the rooster rowed an entire century away
in one single solitary night.

PASAULINIS SKAUSMAS KUKUČIO NUTRAUKTOJ KOJOJ

– Joje yra kažkas baisaus,
man nesuprantamas,
didesnis už ją pačią:
siekia Australiją
ar Japoniją.
Jos skausmas
ateina iš kitos žemės pusės,
apimdamas visą pasaulį.

Kartais plinta kažkas
iš pačios šerdies –
šaltas, baisus, negyvas,
kalba japoniškai,
vokiškai,
angliškai,
viską paversdamas negražiu –
lyg apnuodydamas.

Smelkias į valgį,
į drabužius,
į vandenį,
apima visą dangų,
gręžias kiaurai per žemę.

Mėginu kur nors išvažiuoti –
ir ten randu vis tą patį:
užėmė visą žemę
mano nutraukta koja.

Tas baisus,
man nesuprantamas kojoje,

THE WORLD'S PAIN IN KUKUTIS'S LOST AMPUTATED LEG

Inside it there is something
I cannot understand,
something bigger than the leg itself.
It reaches Australia, Japan,
the Antarctic.
Having travelled the globe
from the other side of the earth,
the leg's pain returns.

From its wooden core
something spreads, speaking Japanese,
English,
German…
That cold, horrible, deadness
penetrates food,
clothing,
water,
bores straight through the core of the earth –
as though spreading poison.

When I leave and go somewhere else
I find the same thing –
my lost leg
has taken over the entire earth.

That horrible
incomprehensible thing in my leg
carries pain to far away lands –
as though it were world war.
And my eyes cannot see where the leg ends.
My hands cannot reach my head,

išnešioja mane ir mano skaudėjimą
po tolimiausius kraštus
lyg pasaulinis karas –
ir akys nemato kojų,
ir rankos nepasiekia galvos,
ir žodžiai negirdi to,
ką jie sako:
net žodžiai atsiskiria nuo kalbos.

Ir viskas taip pasikeičia,
pajuosta,
sumažėja galvojimas,
kad nėra kur dėtis –
nuo savo nutrauktos kojos.

BERGŽDŽIA KUKUČIO DUONA

– Gimiau duonkubily,
kada šimtas metų sukako
aplink žemę.

Įslinkęs naktį kamaron
žįsdavau duoną,
lūpom apčiuopęs jos nuogą
paskrudintą krūtį.
Išžįsta,
sausa ji kosėdavo
po antklode,
kad neišgirstų
Žečpospolitos belaisviai.

and my words move out of earshot.
Words become lost from language.

Everything changes so,
my thinking grows small,
so that there is nowhere I can go
in this world to get away from my lost leg.

KUKUTIS'S BARREN BREAD

I was born in the bread trough
when the land around me
turned one hundred years old.

I'd sneak into the pantry at night
and suckle on the bread,
reaching with my lips
for her naked brow breasts.
When I was done, she'd cough dryly
under the blankets,
so the Commonwealth prisoners wouldn't hear.

Augau gerai
pasiligojusios duonos prižiūrimas.
Gerom dienom
abu pro kamaros langelį žiūrėdavom,
kaip Žuveliškėse
iš Vilijos į Nerį
tempia švedai laivus.

Rytais atsibusdavau sveikas
kaip šimtas bulvių maišų,
pajutusių einant pavasarį –
lyg artėjančią moterį.
Kartą
prūsai gražiai išrikiavo mane
tarp Klaipėdos ir tarp Memelio –
nuo tada ėmiau eit per rankas
kaip imperijų pinigas:
už princesių šilkus
karaliai atsiskaitydavo manimi –
tai kaizeriais,
tai nikalojais.

Manęs nepasidalindami pykosi:
guldė mane į žemę
tiesiomis eilėmis –
nuo Kionigsbergo iki Karaliaučiaus,
mano kūnu
matuodami savo karalystes
arba:
kiek esu aplink žemę aš pats,
šalia savęs guldomas vienas po kito.

I grew up
raised by the infirm bread.
On good days
the two of us would gaze out of the cottage window
at how in the village of Žuveliškės
the Swedes drag boats from the Vilija to the Neris.

In the mornings I'd awaken
feeling as strong as a hundred potato sacks,
sensing the approach of spring –
like a returning woman.
The Prussians lined me up often
between Klaipėda and Memel.
Since then I've been passing hands
like an empire's currency –
this time the Kaiser's
that time the Nicholases',
kings used me to pay
for their princesses' silk.

They fought over me
and buried me in the ground many times over
from Königsberg to Karaliaučius –
they used my body to measure their kingdoms
or to measure how much of me
would reach around the earth laid out in rows.

Pašauktas vėl kariaudavau,
kai reikėdavo nustatyti,
kieno tie rugiai
tarp Neries ir tarp Vilijos.
Tai vėl –
matuodavau žemę
terp Nemuno ir tarp Memelio,
žymėdamas,
kiek tarp jų yra kilometrų
ir kiek kilometrų yra atgal –
per visą gyvenimą.

O duonai lankyti nelikdavo laiko:
taip ji ir liko bergždžia.
Visų užmiršta,
vieniša,
raukšlėtu senutės veidu,
su maža kuprele
dar vis laukia manęs ji kamaros lange,
aplink žemę
įsižiūrėjusi.

KUKUČIO RAUDA PO DANGUM

Kukuti Kukuti, tu geras žmogau,
ar tu nebijai tokią naktį dangaus?

O pilnas dangus žiburių – lyg Paryžius,
po tokiu dangum – kumeliukas ir kryžius!

When summoned, I fought
when they needed to discern
which king's rye it was
between the Nemunas and Memel.
And so again
they used me to measure the land between the Neris and the Vilija,
to measure how many kilometres there are back –
across my entire life.

But there no longer was any time to visit the bread:
and so she was left behind, barren, forgotten by everyone,
lonely, with the wrinkled face of an old woman,
and a small hunchback –
she's waiting for me still in the cottage window,
gazing out
at the world around her.

KUKUTIS'S LAMENT UNDER THE HEAVENS

Kukutis, Kukutis, you're a good soul,
aren't you afraid of the sky on such a night?

And the skies are full of lights – like Paris.
Under such a sky – a colt and a cross!

Ko raudi, Kukuti, graudus kaip ruduo?
Geriau savo dukrą per žmoną man duok!

Tiesa, ji man kartą jau buvo kulka
Mandžiūrijoj, rodos, ar Kursko lauke.

Iš mano jaunystės tvora sukalta –
štai tavo sodyba, matau, aptverta.

O šitie langai buvo mano seniai
pradinės mokyklos melsvi sąsiuviniai.

Kukuti, ir tavo dukra jau ne ta, –
po bėgiais Silezijoj ji pakasta.

Nereikia! Už kampo: dangaus apšviesti,
abu už tėvynę paverksim girti.

Nereikia! Virš tvarto štai ima spindėt
keista pasaulinė kuprota žvaigždė.

IR DANGUN NUĖJO ŽEMĖ

Kur ugnies nupirksi kirviui,
ką, Kukuti, kalsi žiemą?
Kur grandinę gausi karvei,
kad prie jos pririštum žemę?

26

Why are you crying, Kukutis, sad like autumn?
It would be better if you were to give me your daughter's hand!

True, she was a bullet for me once,
in Manchuria, I think, or in the Kurskan fields.

They've nailed a fence together from my youth –
it's your farmstead, I see, fenced-in.

And these windows – they are like my blue notebooks
from long ago, from elementary school.

Kukutis, even your daughter is different now –
she's buried under the tracks in Silesia.

Never mind! Around the corner, in the night glow,
around the corner, we'll have a drunken cry over our homeland.

Never mind! Above the barn a strange hunchback
star has risen.

AND EARTH WENT UP TO HEAVEN

Where will you buy fire for your axe?
What will you grind this winter, Kukutis?
Where will you find a chain for the cow,
so that you may tie the earth to her?

Karo metuos, žydint ievoms,
kiemo gluosny kvailė ūkė –
nėra pievų, nėra dievo,
nebėra vinių plaktukui.

Gaisro miestai raudonavo,
lyg kažkas ten pjautų gaidį.
Mušė rykšte bergždžią avį –
Kam ant stalo valgis baigės.

Iš ugnies kaip pragyventi?
Neužteks jos šitai žiemai.
Kvailė pažvelgė pro rentinį –
ir dangun nuėjo žemė.

Iš vandens išėjo žuvys,
kai pasauly degė turtai…
Už kaltes, už tai, kas buvo, –
nebegyvą mušė turguj.

KUKUTIS REICHO DABOKLĖJE

Paukšti, tu giedi ir giedi,
o ar žinai,
kokie tavo giesmės žodžiai?
Ką atsakytum,
jeigu paklaustų:
kokie-tavo-giesmės-žodžiai?

During the war, when the bird-cherries bloomed,
a mad woman cried out in the farmyard –
There are no fields! There is no God!
There are no nails left for the hammer!

Burning towns blazed red,
and someone let the rooster go.
They beat a barren sheep with a rod
because there was no food on the table.

How can you earn a living from fire?
There won't be enough of it this winter.
A mad woman glanced over the well's rim –
and earth went up to heaven.

Fish came out of the waters
as the world's treasures burned.
For sins, for the past,
they beat a dead man in the market grounds.

KUKUTIS IN FORCED LABOUR

Bird, you sing and you sing,
but do you know the words to your song?
What would you answer if you were asked:
what-are-the-words-to-your-song?

O tu, saule,
švieti ir nežinai,
kokie
tavo šviesos
žodžiai?

Neatsakytum, saule,
išgrūstų dantis tau, saule,
revolverio rankena!

KUKUČIO ŽODŽIAI

Kodėl tenai niekas nevaikšto,
nelaksto netgi joks vaikas?

– Kukuti, ten dirba žodžius
ir juos ten apmoko suprast,
ką jie reiškia.

Kodėl ten negirgžda net durys,
pro langus niekas nežiūri?

– Kukuti, tau ten dirba žodžius,
juos apmoko,
kad turėtum ir tu ką kalbėt.

Sakai, jie labai užsiėmę
ir nieko nepriima?

– Kukuti, ten saugoja tavo žodžius
nuo tavo palaido liežuvio.

And you, sun.
You shine, but do you know
what-your-shine's-words-are?

If you can't answer, sun,
they'll bust your teeth out, sun,
with a revolver!

KUKUTIS'S WORDS

"Why doesn't anyone ever go inside there?
Children don't even play over there."

"Kukutis, they're working on words in there,
so that each word would know
what it ought to mean."

"The doors don't even so much as creak over there.
No one ever peers out of any of the windows."

"Kukutis, they're making words for you over there,
they're teaching your words
what you ought to say."

"You say they're very busy
and won't let anyone inside?"

"Kukutis, they're guarding your words over there,
from your own loose tongue."

31

INSTRUKCIJA KUKUČIUI, PALEISTAM IŠ DABOKLĖS

a) negalvojant
   galvoti
   ko nereikia
   galvoti

b) nematant
   matyti
   ko nereikia
   matyti

c) nesuprantant
   suprasti
   ko nereikia
   suprasti

KAIP KUKUTIS PROTĄ ATGAVO

– Kai dirbau žemei dangų,
o jūrai dugną dėjau,
o jūrai dugną dėjau –
per Vokietijos gaisrą
manęs išvest atėjo,
ant kaklo pančius dėjo,
ant kaklo pančius dėjo,
per Vokietijos gaisrą
po Blinstrubiškės ąžuolu
mane pakorė.

O kai mane pakorė,
tuoj atėjau į protą:

INSTRUCTIONS FOR KUKUTIS RELEASED FROM FORCED LABOUR

a) not thinking
   to think
   what you ought
   not to think

b) not seeing
   to see
   what you ought
   not to see

c) not understanding
   to understand
   what should not
   be understood

HOW KUKUTIS REGAINED HIS SENSES

When I worked the land for heaven
and laid out the sea's floor
and laid out the sea's floor
as Germany burned
they came to take me away
they put a noose on my neck
they put a noose on my neck
as Germany burned
under Blinstrubiškės oak
they hanged me.

And when they hanged me
I quickly came to my senses:

33

atsižadėjau žemės,
dangaus ir Lietuvos,
dangaus ir Lietuvos.

Anoj pasaulio pusėj –
dangui man davė butą,
po Blinstrubiškės ąžuolu
du sieksniu pievos.
O ko daugiau man reikia:
gavau du sieksniu pievos.
Nei arti, nei akėti:
ateina kartais karvė
ir visa patręšia.

Nei arti, nei akėti –
o ko daugiau man reikia?

Tveriu sau žemei dangų,
ramus sau gulinėju
po Blinstrubiškės ąžuolu –
senelių prieglaudoj.

Anoj pasaulio pusėj
žuvis varau į vandenis
ir suprantu, ko niekaip
suprasti negaliu.

MANO SUGALVOTA PASAKA PAKARTAM KUKUČIUI PALINKSMINTI

Karučiuos – ant plunksnų –
veža kvailių karalių

34

I gave up my land
the heavens and Lithuania
the heavens and Lithuania.

Over there, in the beyond, in that other world,
in heaven, they gave me an apartment
under Blinstrubiškės oak,
they gave me seven feet of meadow
and what more do I need?

I've got seven feet of meadow –
no ploughing, no harrowing,
at times a cow comes over
and fertilizes everything.

I just go on creating heaven on earth –
I loll about lazily
under Blinstrubiškės oak
in a nursing home.

And over in that other world
I drive fish into the waters
and I understand what
I could never understand.

THE STORY I CAME UP WITH TO CHEER UP HANGED KUKUTIS

In a wheelbarrow on feathers
they push the fools' king

apsidairyti:
ar didelė karalystė.
Pakeliui išrikiuoti
skambina jam varpeliais,
dėkodami,
kad gali skambint varpeliais...

Važiuoja aplinkui žemę
dešimt,
dvidešimt kartų
ir neranda,
kur baigiasi karalystė.
Visur –
savo pačių pritarimui
pritaria
šokimu ir varpeliais.

– Kiek kartų, – klausia karalius, –
eina aplinkui žemę
ši karalystė?
– Tiek kartų, – atsako, –
kiek kartų yra aplink žemę...

Ir stebis karalius,
kaip vis tie patys
dėkoja karaliui už tai,
ką patys padirba,
dėkoja,
kad gali dėkoti,
skambindami varpeliais...

Tiktai keli pakarti
vejasi karučius, prašydami,
kad išduotų leidimą numirti.

so that he may look around him and see
if the kingdom is big.
Along the way, lined up,
they ring bells for him,
thanking him
that they may thank him by ringing bells...

He rides around the earth
ten, twenty, times
and cannot find
where the kingdom ends.
And everywhere they consent
to their own consent
by singing and ringing bells.

"How many times," the king asks,
"does the kingdom go around the earth?"
"As many times," they answer,
"as there are times around the earth..."

And the king is amazed
at how the same ones
keep thanking the king for what
they have done for themselves –
they thank him
that they may thank him
by ringing bells...

Only a few hanged ones
chase after the wheelbarrow asking
that they be granted the permission to die.

– Ne, – purto galvą karalius, –
tokia karalystėj tvarka:
pakartiems
draudžiama mirti!

Važiuoja karalius karučiuos,
jį seka vienas kitas kvailys,
ir visi jie – tas pats karalius.

ĮRANKIŲ, ŽODŽIŲ IR ŽMONIŲ SUSIMAIŠYMAS KUKUTYNĖJE

Degant Raseiniams,
klykdamas
Stonų ganyklomis
bėgo Kukučio kirvukas,
o iš kišenių jam –
biro skiedros.

Ir pasileido bėgt žmonės
paskui kirvuką,
tempdami viską,
ką tik galėjo pakelt.

Ir prasidėjo toks susimaišymas,
toks susimaišymas,
kad žmonės pradėjo neskirti savęs
nuo žodžių ir įrankių,
pradėjo viens kitą
akėti,

"No," the king shakes his head,
"the rules of the kingdom are
that it is forbidden
for the hanged to die!"

And the king rides along in his wheelbarrow
and is followed by one fool or another
and all of them are the same king.

THE CONFUSION OF TOOLS, WORDS, PEOPLE IN THE KUKUTYNĖ

As Raseiniai burned
Kukutis's little axe
ran squealing
through Stonis's pastures –
and wood shavings
flew from his pockets.

Then the people broke into a run
after the little axe,
dragging along whatever
they could carry.

And there was such confusion,
such confusion,
that soon the people could no longer
tell themselves apart
from words or from their tools –
they started to harrow one another,

kirsti dalgiu,
sodinti į žemę.

Ir pradėjo
neskirti savęs nuo kirvių,
nuo šakių,
vyrai – nuo moterų,
vaikai
pradėjo neskirti savęs
nuo senelių.

Viens kitą jie atpažindavo
tik iš raštų,
iš antspaudų,
iš grūdų svorio,
iš numeruotų arklių.

Ir buvo toks susimaišymas,
toks susimaišymas,
kad iki šiolei surėmę barzdas
juokiasi du Kukučiai –
kaip du išgaląsti kirvukai.

KUKUČIO KREGŽDĖS GIESMĖ

Pavasari,
ar ir tau – ne pavasaris,
ar ir tau negražu,
kai gražu,
kai pavasaris?

cut one another down with scythes,
plant one another in the ground.

They could no longer tell
themselves apart from axes,
from pitchforks,
women from men –
children could no longer tell themselves
apart from their grandparents.

They could recognize one another
only from notes
from seals
from the weight of grain
from numbered horses.

And there was such confusion,
such confusion,
that even now, beards together,
two Kukutises laugh –
like two sharp axes.

KUKUTIS'S SWALLOW'S HYMN

And for you, spring – isn't it spring?
And for you, spring, isn't it beautiful?
when it's beautiful,
when it's spring.

41

Kaip gražu, kaip gražu,
kai gražu,
net negražiems
kaip gražu,
kai pavasaris,
kai atitirpsta saulė
languos!

Kaip gražu būti žole
arba dūmu
virš savo tėvynės,
net numirusiems
kaip gražu
žemėj!

Kaip gražu tau, pavasari,
kai pavasaris,
kai gražu,
kai į laukus su padargais
po ilgo žiemos ištrėmimo
grįžta visa Lietuva!

KUKUČIO RAŠTAS VIENKARTINEI PAŠALPAI GAUTI

– Koks dabar stojo pavasaris!
Net jaučiu, kaip tenai – Blinstrubišky –
per mano kaulus
du vabaliukai apsikabinę eina
ir žolės šaknų
jau pilna mano galva.

How beautiful! How beautiful it is,
when it's beautiful,
even for the not-beautiful
it's beautiful
when it's spring,
when the sun thaws
the windowpanes.

How beautiful it is to be grass
or smoke
over the homeland.
Even for the dead
it's beautiful on earth.

How beautiful it is for you, spring,
when it's spring,
when it's beautiful,
when all of Lithuania returns
to the fields
with ploughs and hoes
after a long winter's exile.

KUKUTIS'S APPLICATION FOR TEMPORARY RELIEF AID

What a spring it is!
I can feel how over
in Blinstrumbiškės
two insects walk locked in an embrace
over my bones,
and how my head

Atitirpo sąnariuos ledas,
ir saulelė antai – ant Žuveliškių
pašviečia sėjai.

Tik aš šitiek metų nedirbau,
ne iš tingėjimo,
o dėl to,
kad mane nuo manęs atskyrė –
nuo mano kaulų.
Čia kalba tik mano liežuvis.
Šitiek metų nieko nevalgiau –
visą vidų padžiovė minia ant šakų,
o iš dantų padarė lūpinę armonikėlę.

Prašau man grąžinti nors burna, –
kaip aš gražiai pašnekėčiau,
kaip valgyčiau.
Šitiek metų – Blinstrubišky –
išbadėjusiems kaulams
nedavė niekas nė trupinio.
Už ką, sakau, rupūžės,
mano kaulus atstūmėt?

Ir jums, kai tik burnas sučiaupsit,
sudės tuoj ant pilvo rankas
ir niekas nieko neduos.
O juk duoda šį tą už nutrauktas rankas arba kojas,
tik aš net už galvą pakartą
niekad nieko negaunu.

is filled with grass roots.
The ice in my joints has melted,
and the sun over Žuveliškės shines
on the sowers.

Only I haven't worked in all these years,
and not because I was lazy,
but because they separated me
from my bones.
Only my tongue is speaking here.
All these years I haven't eaten anything –
the crowds hung my insides to dry on the branches,
and made a mouth harmonica out of my teeth.

Please return at least my mouth –
how beautifully I'd speak,
how I'd eat.
All these long years in Blinstrumbiškės,
and nobody has given
my starving bones even a crumb.
Why, I ask, have you swine
ignored the pleas of my bones?

It will happen to you too.
As soon as your mouths are shut,
they'll rest your hands on your stomachs
and you'll never get anything any more.
After all, they do give something or other
for detached arms and legs,
only I've never gotten anything
for my hanged head.

Ir kiek tokių su manim gulinėja,
kiekvieną mielą pavasarį
laukdami mielaširdystės,
kai atitirpsta sąnariuos ledas
ir vabaliukai ima krebždėt galvose.

KUKUČIO PAMOKSLAS KIAULĖMS

Ko žiūrit kvailai,
nešvarios nutukusios kiaulės?
Degsite,
ak degsite ugnies pragare,
svilinamos šiaudais.
Ir kils dūmai –
ligi Anglijos,
pasmardindami pusę Europos.

Šiukš, Boliesiau,
ko tau dabar reikia?
Juk grasinai man ne sykį,
kad pasakyčiau,
kam tarnauju miegodamas,
o dienom – ar neapsimetu,
kad gyvenu aš pakartas.

O tu, Viktai, kaip tu sukiaulėjai,
įdavęs mane,
kad slepiu vieną koją nuo reicho darbų,
o paskui –
kad turiu danguje giminių,

And there are so many like me lying here,
so many, who wait each spring
for kindness
when the ice melts in their joints
and insects begin crawling about in their heads.

KUKUTIS'S SERMON TO THE PIGS

What are you staring at?
You dirty, obese pigs!
You'll burn,
oh you'll burn in hell's fires,
fed by hay,
and the smoke will rise
to England,
stinking up half of Europe.

Hey Boris,
what do you want now?
After all, you've threatened
to tell whom I serve in my sleep,
and whether during the day
I don't pretend to be a hanged man.

And you, Vitya, how piggish you've grown,
informing on me for hiding one leg
from the Nazis forced labour,
and not telling that I have relatives in Heaven,

nesurašytų ir nepriduotų į valsčių.
Tik, Rapol, tavęs man gaila,
kad šitaip kvailai į kiaules išėjai,
padeginėdamas Europos žemes,
daužydamas duris ir langus
visokių kvailių primokytas.

Uliese Uliese,
į ką gi tu pavirtai!
Kokia tu suskretus,
kaip čiaumodama ėdi
ir seilės drimba į šliuką.
Kaip bjauriai nudribo pagurklis
ir išklypo tau kulšys.
O sakiau, had man eitum už bobą,
kai buvai dar merga,
kai nešiodavau tave
šokančią ant armonikos.

Ak jūs, kiaulės,
geriausias dienas man suėdėt!
Tai ir aukite sau į kumpius, –
suvarys jus Europa
į pačią ilgiausią dešrą
nuo Žuveliškių – ligi Lamanšo!

Nekrikštytos kiaulės,
ėskit nešventintais snukiais,
ką net žmonės neėda!

not listed and handed over to the state.
Only, Rolph, I feel sorry for you.
You became a pig so stupidly,
burning Europe's lands,
breaking down doors and windows,
instructed by fools!

Elise, Elise,
what's become of you?
How ugly you are
when you slurp as you eat
and your drool dribbles down into the trough.
How disgusting your double chin is,
and how your calves have knotted.
Oh, and there was a time when I'd said to you,
be my woman – when you were still a girl,
when I used to carry you dancing –
on my accordion.

Oh you pigs,
you've eaten up my best days!
So grow now into hams –
Europe will cram you
into the longest sausage ever
stretching from Žuveliškės to La Manche!

You unchristianed pigs,
eat with your unblessed snouts,
that which people wouldn't even touch!

KUR, KUKUTI, PADĖJAI TU SAVO KUKUTĮ?

Sakyk man, Kukuti,
kur dėjai tu savo kukutį ?
Jį atėmė tau?
Tavo kukučio
tavo veide nematau.

Nežiba jis akyse,
neskamba jis ausyse,
negirgžda net duryse.
Be kukučio – kaip tu pasensi,
kaip numirsi – ir vėl gyvensi?

Koks tu Kukutis dabar?
O buvo kukučių pilna troba,
vasarą žiemą –
pilnas kiemas.

Gal per karą palėpėj
buvai jį paslėpęs?
O gal pasidarė jau kinai
iš tavo kukučio švilpynę?

Gal,
primušę jį negyvai,
veža
povandeniniai laivai?

Gal kabo kur nors jis po mango medžiu,
taitietės tenai apdainuoja balsu jį saldžiu?

Štai Vilniuj, atrodo,
netrukus teks būti,

KUKUTIS, WHERE DID YOU PUT YOUR KUKUTIS?

Tell me, Kukutis,
where did you put your Kukutis?
Did they take him away from you?
I don't see your Kukutis
in your face any more.

He doesn't sparkle in your eyes,
doesn't ring in your ears,
doesn't even creak in your door hinges.
Without Kukutis how will you grow old?
How will you die and rise again?

What kind of Kukutis are you now?
The cottage used to be filled with Kukutises.
Summer, winter –
the yard was always full.

Did you hide him
in the attic during the war?
Or did the Chinese
make a whistle out of him?

Maybe
he was beaten to death
and taken away
by submarine?

Maybe he is hanging somewhere under a mango tree
and Tahitian women sings about him in sweet voices?

I'll be visiting
Vilnius soon.

nupirksiu aš tau
geležinį kukutį.

Tu vėlei, Kukuti, atgausi stiprybę,
iš džiaugsmo ims šokt tavo dantys išklibę.

Jis tau malkas kapos bei ars,
tau miegant,
tavo sapnams jis pritars,
tavo dantim
tau jis kramtys,
tai, kas po šimtmečio bus –
tau jis matys.

Tau rodys, ką valgai, geri
ir kiek turto turi,
tave patį –
tavo paties akyse,
tavo balsą –
tavo paties balse.

DAUG KUKUČIŲ IR VIENAS

Vienas Kukutis –
pėsčias Kukutis.
Visad pėsčias pats sau –
smagioms savo kojoms:

I'll buy you
a metal Kukutis there.

Your spirit, Kukutis, will regain strength.
Out of joy, your teeth will shake loose and dance.

He'll chop your firewood for you
and he'll plough for you
as you sleep.
He'll approve your dreams for you,
he'll chew your food for you
with your own teeth,
he'll predict for you –
what will be in a hundred years.

He'll show you what you will eat,
what you will drink,
how much wealth you'll have:
you yourself,
with your own eyes,
in your own voice –
in your very own voice.

MANY KUKUTISES AND ONE

One Kukutis –
Kukutis on foot,
always on foot for himself
with his sturdy feet:

ten, kur jos žengia,
ten joms ir žemė.

Du Kukučiai –
karo metu
dviese ant vieno arklio
joja nuo Tilžės,
ir iš peršauto maišo
byra druska.

Trys Kukučiai –
kai du pjauna malkas,
o trečias – žiūri.

Žiūri ir klausos,
kaip toli skamba pjūklas,
net spengia,
net žvaigždės apšąla
pirmųjų šalnų rasa.

Daug Kukučių –
kai vienas miršta,
o paskui jį eina
šimtas vienplaukių Kukučių,
ir šimtas galvoja –
kaip vienas:
– O koks trumpas Kukučio gyvenimas
pėsčioms kojoms,
smagioms Kukučio kojoms.

there where his feet step
there will be earth for them.

Two Kukutises –
during the war,
together on one horse,
rode from Tilžė,
and salt poured
from a bullet-riddled bag.

Three Kukutises –
when two chop wood
the third one watches.

Watches and listens –
how far away the saw rings,
how it sounds:
even the stars freeze over
with the first frost's dew.

Many Kukutises –
when one dies
one hundred bareheaded Kukutises
walk behind him
and one hundred think
as one:
Oh how short Kukutis's life is,
always on foot,
on Kukutis's sturdy feet.

KUKUTIS NORI PAMATYTI TĖVYNĘ

– Taip ilgai nemačiau tėvynės,
dirbdamas jos laukus,
taisydamas šiaudinius stogus.

Taip gyvenimas nedavė laiko,
vargindamas akis ir galvojimą:
vis ką nors reikėdavo dirbti,
eiti kur nors ar važiuoti.

Matau, nieko neišeina ir tiems,
kurie greitai važiuoja,
arba tiems,
kurie daug pasigardžiuodami valgo,
kad gražesni būtų žodžiai apie tėvynę.

Dirbau ir dirbau,
net savo minčių nesuprasdamas –
norėjau tik užsidirbti sekmadienį,
kad galėčiau galvoti.

Kai baigsiu visus savo darbus,
laisvą užsidirbtą sekmadienį
atsigulęs žolėj,
laisvai pasidėjęs ant žemės rankas,
norėčiau dar pamatyti tėvynę,
kam nedavė laiko gyvenimas.
Taip nieko daugiau neuždirbau
ir taip nieko daugiau neturiu,
kad jau nebenoriu turėti.

KUKUTIS WANTS TO SEE HIS HOMELAND

It's been such a long time
since I've seen my homeland,
working her fields,
fixing her thatched roofs.

Life never gave me enough time –
tiring out my eyes and my thoughts:
there was always something to do,
somewhere to go, somewhere to drive to.

I see that it doesn't even work for those people
who drive fast
or for them
who eat their fill,
so that their words about our country
would be more beautiful.

I worked and I worked,
not even able to understand my own thoughts –
I only wanted to earn a Sunday,
so that I could think.

When I finish all my work,
on my hard-earned Sunday off,
I'll lie in the grass
with my hands spread freely on the ground,
and then I'd like to see my homeland,
which life never gave me the time for.
I've never earned anything more,
and so I have nothing more,
and so I no longer want for anything.

KUKUTIS ATMERKIA AKIS

Vienu metu
Kukutis atmerkia akis
Žuveliškėse,
Varšuvoje
ir Paryžiuje.

Atmerkęs akis –
Žuveliškėse mato
varną,
Varšuvoje – mato –
ta pati varna pakyla,
o Paryžiuje – nuskrenda.

Ir ne juokais išsigąsta Kukutis:
ar jis vienas ir vis tas pats
atmerkia akis
ir mato tą pačią varną
Žuveliškėse,
Varšuvoje
ir Paryžiuje?

Ir apskritai:
ar leidžiama taip
vienam žmogui
vienu metu atsibusti
Žuveliškėse, Varšuvoje ir Paryžiuje?

KUKUTIS OPENS HIS EYES

Kukutis opens his eyes
at the same time
in Žuveliškės
in Warsaw
and in Paris.

Opening his eyes
in Žuveliškės he sees a crow.
In Warsaw he sees
that same crow take flight
and in Paris it flies away.

Kukutis is seriously frightened.
Is he the one and only one
who can open his eyes
and see the same crow
in Žuveliškės
in Warsaw
and in Paris?

And in general,
is a person
permitted
to wake up at the same time
in Žuveliškės, in Warsaw, and in Paris?

KUKUTIS VAŽIUOJA GREITAI

Važiuodamas greitai –
Kukutis pametė savo rankas
su plaktuku,
su įtemptomis vadelėmis,
su skausmu sąnariuos.

Ieškodamas rankų –
pametė kojas
su nueita žeme prie padų,
su arimų vagom,
su bėgimu nuo ugnies,
su nuovargiu,
maloniu kaip šiltas vanduo.

Ieškodamas kojų –
pametė klausą
su rarotų varpais,
su gyvulių mykimu,
su prašymu pasigailėjimo,
meilės,
tiesos.

Akis – ir tas išbarstė,
akis su tėvynės vaizdu.
Tai ir stovi dabar,
išlipęs iš traukinio –
kaip parašas
ant pasenusių pinigų.

KUKUTIS DRIVES FAST

Driving fast
Kukutis lost his hands,
along with his hammer,
along with tensed reins,
along with the pain in his joints.

Searching for his hands,
he lost his feet,
along with the ground he'd walked,
along with his ploughed furrows,
along with the running from fire,
and the exhaustion,
pleasant like warm water.

Searching for his feet,
he lost his hearing,
along with the sound of advent bells,
the animals' rustling,
asking for mercy,
for love,
for truth.

He scattered his eyes too –
eyes with scenes of his homeland.
And so he stands now,
having climbed out of the train,
like a signature
on obsolete money.

KUKUČIO SĄMONĖS SUSVETIMĖJIMAS

– Atsibundu aš iš kairės,
o iš dešinės
dar vis sapnuoju pro atvertas duris.

Kol iš kairės išeinu pro duris,
iš dešinės sau –
dar vis guliu
ir galvoju atmerktom akim,
galvoju,
kaip sau iš kairės
sulinkęs
per kiemą
nešu ant pečių darbą
į kopūstų laukus.

Dieve, dieve,
koks gėris – tie
keturkampiai kopūstų laukai!
Koks šventumas to darbo, –
gyvam
sodinti daigus lygiomis eilėmis!

Visą dieną atmerktom akim
iš dešinės sau guliu ir galvoju
nučiupinėtais
riebiais pinigais
pro atvertas duris – link kopūstų laukų.
O versdamasis iš dešinės –
į kairę –
pajuntu, kad ten, vietoj manęs,
nieko nebuvo:
baisi tik duobė,
pilna šalčio.

HOW KUKUTIS BECAME ESTRANGED FROM HIS CONSCIOUSNESS

I wake up on my left side
and on my right side
I'm still dreaming with the door ajar.

On my left I go out the door
while on my right
I lie still and think with my eyes open.
I think about how on my left,
bent over,
I carry my work on my shoulders
through the yard
to the cabbage fields.

Dear God, what goodness – those
square cabbage fields!
How sacred work is –
to be alive
to plant seedlings in straight rows!

All day long with my eyes open
I lie on my side and think about
fingered, greasy money,
through opened doors, towards the cabbage fields.
Turning from my right
to my left
I feel that, instead of me,
there was never anything there –
just a horrible pit
filled with cold.

NELEISTI!

Neleisti,
kad Kukutis su pilnu šiaudų vežimu
įvažiuotų
pro atviras gastronomo duris,
kad Katedros aikštėj
susišauktų
alkanas savo kiaules!

Neleisti,
kad užsimetęs ant pečių dalgį,
liptų trapu į lėktuvą
arba –
spalvotame televizoriuje
pasirodytų
basas vištų baltam debesy!

Neleisti,
kad posėdžių salėj
pakreiktų šiaudų
pirmdėlei telyčaitei
arba –
kad grįždamas su belaisviais
filharmonijoj
susikaltų narus!

Neleisti
miesto skveruose
plakt dalgio,
kaustyt arklių
arba –
į „Gulbių ežerą"
ateit
susijuosusiam pjūklu!

FORBID HIM!

Forbid
Kukutis from driving
a wagon full of hay
through the open grocery's doors
or from beckoning
his hungry pigs
in the Cathedral Square!

Forbid him
from climbing the ladder into an aeroplane
with a scythe thrown over his back
or from appearing
on colour television
barefoot, scattering chicken feed
in a white cloud of chickens!

Forbid him
from spreading straw
for his newborn calf
in the conference room
or from hammering together plank beds
with prisoners
in the symphony!

Forbid him
from hammering his scythe
or shoeing his horses
in the town square
or from coming to *Swan Lake*
with his saw about his waist.

Neleisti,
kad, pravažiuodamas
juvelyrinę parduotuvę,
paliktų arkliamėšlį,
į kurį įsistotų
Vilniaus gražiausia panelė!

KUKUČIO GALYBĖ

Klausos Kukutis –
girdi Kukutį.

Kalba Kukutis –
ir supranta,
kad kalba Kukutis.

Sėdi ant suolo Kukutis
ir jaučia,
kad sėdi ant suolo Kukutis.

Žingsniuoja Kukutis,
ir žingsniavimas
eina
iš jo paties,
ir matymas
eina
iš jo paties,
ir galvojimas…

Forbid him
from driving past
the jewellery store
and leaving horse dung on the street
where Vilnius's most beautiful lady
might just step!

KUKUTIS'S MIGHT

Kukutis listens –
and hears Kukutis.

Kukutis speaks –
and understands
that Kukutis is speaking.

Kukutis sits on a bench
and knows
that Kukutis is sitting on a bench.

Kukutis takes a step
and the step
comes from him
and his seeing
comes from him
and his thinking…

Ir šitaip gyvena Kukutis
ir žino,
kad gyvena Kukutis,
kad jis visas –
pilnas Kukučio.

EKSPERIMENTAS

Ko jis nedarė su savimi
kad būtų toks
koks savaime yra
nesistengdamas būti toks
koks savaime yra

Ir ko jis nedarė
ėmė dainuoti chore
prisipirko kaklaryšių
tepalo batams
veidrodį iki juosmens
bandė grožėtis peizažais
mylėti
laukinius žvėrelius

Visa tai veltui
galvojo
juk neįmanoma pasidaryti tokiam
koks savaime esi
– o kada stengiesi būti toks
koks savaime esi
tada ne savaime esi toks
koks jau savaime esi

This is how
Kukutis lives
and knows that Kukutis is living
and that he is entirely
full of Kukutis.

AN EXPERIMENT

What didn't he do
so that he would be
what he already was
without trying to be
what he already was

What didn't he try –
he sang in a choir
bought several ties
shoe polish
a full-length mirror
joined the Wildlife Society

All in vain
he thought
after all, it's impossible
to become what you already are
when you try to be
what you already are
then you are not already
what you already are

Ir ko jis nedarė
kad tik pasidarytų toks
koks savaime yra
– tada jis būdavo savaime toks
koks ne savaime yra

Ir jis pagalvojo
dieve jeigu tai mato kas nors
kokia tai gėda
galvojo
kol ne vėlu
– reikia bėgti

Ir pasileido jis bėgti
suprasdamas
kad ne savaime jis bėga
ne taip
lyg bėgtų pats sau
ne taip
kaip bėga nesistengdamas
kad bėgtų taip
kaip bėga nesistengdamas
– kaip iš tikrųjų bėga
Ir kiek jis stengėsi nesistengti
– vis tiek tai buvo stengimasis
stengtis
kad nesistengtų

Koks pasityčiojimas
galvojo
koks visa tai pasityčiojimas
matyt

What didn't he try
that he might become
what he already was
so he would already be
what he already wasn't

And he thought,
Lord, what if
someone saw me?
How embarrassing
he thought
while it's not too late
I must run

And he broke into a run
knowing that he wasn't running
by himself in the way
he would run for himself
in the way he would run
without trying to run
as if he were running without trying
as one really runs
However much he tried
not to try
it was still trying
to try
not to try

How ridiculous
he thought
how ridiculous
this whole thing is
it would seem that someone

mane kas nors tyčia klaidina
kad dar labiau susipainiočiau

Bet juk neįmanoma bėgti dėl to
kad nebėgtum
– o vis tiek reikia bėgti
kad neatrodytų
jog bėgdamas
stengies
nebėgti
nes tai mato galbūt
aukštesnė jėga

Pagalvojo
jeigu sustosi
tai vėl ne savaime sustosi
o norėdamas būti toks
koks savaime esi nebėgdamas
– ir todėl reikia bėgti
pabėgti kaip nors
nuo šito kvailo bėgimo

Ir jis bėga
apkibęs pagalvių pūkais
nieko nematančiomis akimis
bėga bėgdamas pirma laiko
– ir jį vejasi
bekūnė
kelių pasaulių jėga

is trying to mislead me
so I'd become even more confused

But it's impossible
to run so that you don't run
and still you must run
so that it doesn't look
as if running
you're trying
not to run
because it just may be
that a higher force is watching

If you were to stop
he thought, then again
you wouldn't be stopping
by yourself
wanting to be what
you already are not running
and therefore you must run
to run away somehow
from this silly running

And he runs
with feathers from his pillow
clinging to him
with eyes that don't see
he runs to be first
and is chased
by the bodiless forces
of several worlds

KELTUVIŲ RYTAS KUKUČIO NAMUOS

Kaip bjauru
rytą
vienu metu
pabusti keturiose lovose –
keltuvių rytą
Kukučio namuos.

Kaip bjauru
matyti iš karto
keturis kartus ant sienos
kabančią vieną kepurę
ir keturis Kukučius –
kaip vieną.

Kaip bjauru
matyti tokius niekus,
kai pasauly šitiek pavargėlių,
kai žinai,
kad, ir dirbdamas visą gyvenimą,
nepadarysi net skruzdės
gyvybės,
kad iš viso galvojimo –
per visą gyvenimą –
net ir dulkės
neliks.

Kaip bjauru
vienu metu
keturis kartus galvoti
tą patį –
ir vieną.

MORNING IN KUKUTIS'S COTTAGE

How revolting
it is in the morning
to wake up in four beds
all at once
in Kukutis's cottage.

How revolting
to see at once
the same hat hanging
in four places on the wall
and four Kukutises
as one.

How revolting
to see such insignificance
when the world is full
of so many poor people,
when you know
that working your entire life,
you won't earn even an ant's living,
and that not even a dust speck
will remain
of all that thinking you did
your entire life long.

How revolting
at one time
to think the same thing
four times over
and over again

KUKUTIS – PASAULINEI PARODAI

Prakiuro Kukučio stogai,
ir saulė
nustojo šviesti pro langus.

Kiemas priaugo žolės,
ir surūdijo plaktukas –
jau nedavė dalgiui skambėjimo.

Neėmė malkų ugnis,
ir šuva
nustojo žiūrėt į Kukutį,
kai jis eina per kiemą.

– Rupūžės! – trenkė durim Kukutis, –
aš jums dar parodysiu!
Žiūrėsi, šunie, į mano riebius batus
ir laižysies!

Sugalvojo Kukutis:
– Parduosiu save
Raseinių turguj.
gausiu didelius pinigus.

Ilgam vežime
vežė save parduoti,
ragino seną kumelę.

Privažiavęs Raseinius,
turguj paleido save
pasirodyt bajorams
ir ponams.

KUKUTIS AND THE WORLD'S FAIR

Kukutis's roof is leaking
and the sun has stopped shining
through his windows.

The yard is grown over
and the hammer has rusted –
it doesn't ring the scythe any more.

Fire won't burn the logs
and the dog
has stopped watching Kukutis
when he crosses the yard.

"Damn!" Kukutis slams his door,
"I'll show you yet! You'll watch
my greasy shoes, dog,
and lip your chops!"

Kukutis comes up with an idea:
I'll sell myself
at the Raseiniai market grounds
and get a lot of money.

In a long wagon
he drives himself
to be sold, coaxing on the old mare.

At Raseiniai he lets himself go
on the market grounds.
He shows himself
to the noblemen
and the gentlemen.

Klykė varnos
kapinių medžiuos,
vežime
verkė mergaitė,
čiulpdama
ilgą kalėdų saldainį.

Pliaukšėdamas botagu,
lėkė Kukutis
aplinkui Raseinių turgų,
lėkė, galvą nunėręs.

Derėjos pirkliai,
o jų ponios,
padoriai tylėdamos,
vėdinosi nosinaitėmis
plačias krūtines.

Prasiskyrė čigonai,
kai prūsas iš Karaliaučiaus
parodė į jį botagu:
– Ist es ein litauische Schweine?

Švilpė benamiai vaikai,
ir tik vienas amerikonas
priėjo ramiai prie Kukučio
ir tarė:
– O'key!

Patampė jo nosį,
pasukinėjo galvą
į šiaurę ir į pietus,
pakilnojo rankas

Crows caw
in the cemetery trees.
In the wagon
a girl cries, sucking
on a long Christmas candy.

Cracking his whip,
Kukutis flies
around Raseiniai market,
flies with his hands tucked under.

Buyers barter,
meanwhile their ladies
wait modestly, fanning
their wide bosoms
with white handkerchiefs.

The gypsies part
to let a Prussian from Karaliaučius through.
He points his whip at Kukutis:
"Ist es ein litauische Schweine?"

Ragged children whistle.
Only one American
calmly approaches Kukutis
and says, "Okay!"

He tugs at his nose,
he turns his head
to the north and to the south,

ir pasakė:
– O'key!

Išėmė dvidešimt dolerių
su dvidešimčia prezidentų,
sumokėjo Kukučiui,
nupirkdamas jį
pasaulinei parodai.

Ir iš to džiaugsmo –
už dvidešimt dolerių
Kukutis pragėrė botagą,
ratus
ir kumelę.

Paskui,
kai jau neturėjo nieko,
už tuos pačius dolerius
dar pragėrė Raseinius,
Jurbarko vieškelį,
varnas
kapinių medžiuos.

– Rupūžės! Rupūžės! –
verkė naktį pabudęs
ištuštėjusiam turgui. –
– Rupūžės! Rupūžės! –
Šitaip apgavo mane
už dvidešimt prezidentų.

Pėsčias parėjo namo.
Rado atšalusią trobą,
į sieną nusisukusią Kukutienę
ir negyvą mergaitę,

he lifts his arms,
and says, "Okay!"

He pulls out twenty dollars
with twenty presidents
and pays Kukutis,
buying him
for the World's Fair.

Out of joy
over those twenty dollars
Kukutis drinks away his whip,
his wheels,
and his mare.

When he has nothing left,
for those same twenty dollars,
he drinks away Raseiniai,
Jurbarkas Crossroads,
and the crows
in the cemetery trees.

"Holy toads! Holy toads!"
he shouts when he wakes up that night.
"Holy toads! Holy toads!
How they cheated me
for twenty presidents."

He walks home on foot
and finds his cottage cold
and Mrs. Kukutis
with her face to the wall

čiulpiančią ilgą
kalėdų saldainį.

– Rupūžės! Rupūžės! –
spardė Kukutis į šulinio rentinį, –
Rupūžės! Rupūžės!

Ir krito
sušalusios žvaigždės
į tolimą,
tamsią
Kukučio sodybą…

KUKUTIS SAVO LAIDOTUVĖSE

Pabudo rytą Kukutis
ir mato – jis pats
guli šalia nebegyvas.

Troba atšalusi,
o pro duris mato –
ant snieguoto kalnelio
šermenims skerdžia kiaulę.

Prie stalo moterys
duonriekiu
ieško kažko
atverstuos plaučiuos.

and a dead girl
sucking on a long Christmas candy.

"Holy toads! Holy toads!"
Kukutis kicks the well –
"Holy toads! Holy toads!"

And frozen stars
fall into Kukutis's
faraway
dark
farmstead.

KUKUTIS AT HIS FUNERAL

Kukutis wakes up one morning
and finds himself
lying beside himself dead.

The cottage is frozen over
and through the open door he sees
how on a snowy hill
a pig is slaughtered for the wake.

At the table
the women search for something
in the opened lungs
with a bread knife.

Pro vieną langą
mato Kukutis:
leidžiasi aeroplanas,
pakyla išgąsdintos varnos.

Pro kitą langą –
nosis prie stiklo priploję
žiūri
buriatų vaikai.

O pro virtuvės langą –
po Niagaros kriokliu
giminės
verkia
Kukučio,
atsirėmę į mašinas
ir labai ryškiai
fotografuodamiesi.

Galvoja Kukutis:
kaip gražiai viskas vyksta,
kaip manęs gailis,
kaip gerai apšneka –
tikriausiai
duos man kokią premiją,
ranką paspaus
arba pagirs
visuotiniam narių susirinkime.

Through one window
Kukutis sees
an aeroplane landing.
Startled crows scatter.

Through the other window
a pack of Buryat children stare
with their noses pressed to the glass.

And through the kitchen window,
under Niagra Falls,
relatives cry over
Kukutis.
Leaning up against automobiles,
they take bright, clear photographs.

Kukutis thinks:
how nicely everything is going,
how they feel sorry for me,
how well they speak of me –
maybe they'll award me a prize?
Shake my hand?
Or praise me
at the Collective Comrades' Meeting!

KUKUTIS PASAKOJA APIE SAVO TROBĄ

– tai turiu trobą –
dviem galais.
Žiūriu pro langą –
saulė teka,
žiūriu pro kitą –
jau saulė leidžias.

Vienam gale –
žydi sode,
o kitam –
obuoliai byra.

Pro vieną langą
matau, –
tik pradėti darbai,
pro kitą –
jau sutrūniję.

Į vieną galą
parsivedžiau jaunąją,
o kitam – žiūriu –
jau ji pašarvota.

Vienam gale –
jaunime šoku,
o kitam – dantys byra.

Tai turiu trobą –
dviem galais:
vienam –
dar gyvas vaikštau,
o kitam – jau guliu numiręs.

KUKUTIS TELLS ABOUT HIS COTTAGE

Have I a cottage –
with two ends.
I look out the window
and the sun is rising.
I look out the other
and the sun is already setting.

At one end
the orchard is in blossom.
In the other
the apples are falling.

Out one window
I see work
being started –
through the other
it's already rotted.

I brought my bride home
to one end.
In the other I see
she's already laid out.

At one end
I'm young and dancing,
and in the other
my teeth are falling out.

I have a cottage
with two ends.
In one end
I'm alive
and in the other
I'm already dead.

NAKTĮ, KUKUČIO SODYBOJ...

Naktį
manyje
loja
sarginis
Kukučio
šuo.

Už sienų,
tvorų,
už pasaulio –
perkaręs,
paliktas šuo.

Naktį
savyje
žiūriu
pro tuščią Kukučio langą –
ir nė vienos,
nė vienos moters,
ateinančios per rugius
su pienu –
prie krūtinės.

PASKUTINĖ KUKUČIO DIENA

Kai atėjo Kukučiui paskutinioji,
džiaugsmingai galvojo:
– Koks aš laimingas,
kad gyvas
sulaukiau savo mirties.

NIGHT AT KUKUTIS'S FARMSTEAD

At night
within me
Kukutis's
watch dog
barks.

Beyond the walls,
the fences,
beyond the world –
famished,
abandoned,
Kukutis's dog.

At night
inside myself
I peek
through Kukutis's empty window
and not one
not one woman
approaches through the rye
with a pitcher of milk
pressed to her breasts.

KUKUTIS'S LAST DAY

When Kukutis's last day came
he happily thought to himself
how fortunate I am
to have made it
to my dying day

Dėkoju,
kad mirštu laisvai,
niekeno neverčiamas, –
būdamas gyvas
paskutinę gyvenimo dieną.

O galėjo
nepaaiškinę
gyvą nudurti,
neįspėję
nušauti,
kad iki savo
paskutinės dienos
taip ir nebūčiau žinojęs,
kad manęs jau nėra.

ŽUVELIŠKIŲ MOTERYS APRAUDA KUKUTĮ

– Moterys! Moterys!
Kaip be Kukučio gyvensime,
kaip kibirai be Kukučio skambės?

– Kas suporuos
dalgius su grėbliakotėm,
kai prasidės šienapjūtė,
bulvių žiedus kas suporuos
su margom peteliškėm?

– Iš ko dabar
Žuveliškių telyčaitės

90

alive.
I'm thankful
that I'm dying freely,
not forced,
alive
on my last living day.

Oh they could have
without any explanation
stabbed me dead
or shot me
without warning
so that on my last day
I would never have known
that I was already gone.

THE WOMEN OF ŽUVELIŠKĖS MOURN KUKUTIS

Women! Women!
How will we live without Kukutis?
How will our pails ring without Kukutis?

Who will pair
the scythes with the rake handles
when the harvest begins?
Who will pair the potato blossoms
with colourful butterflies?

From who now
will the heifers of Žuveliškės

supras,
kad joms laikas tekėt už jautukų:
nieko neišmanydamos
ims jos dairytis
į sunkvežimius
ir malūnsparnius.

– Kuo dabar
išrauginsime kopūstus?
Iš ko
duonkubilio raugui
imsim stiprumo?
Moterys!
Moterys!
Be Kukučio
kaip mes būsime moterimis?

KAIP LAIDOT KUKUTĮ?

Kaip laidot Kukutį:
su medine koja
ar koją nuimt?

Iš tikrųjų:
nuimt ar nenuimt?
Nenuimt ar nuimt?

Ar yra instrukcija?
O kaip darydavo
laidodami elgetas?

know
that it is time for them to marry a young bull:
not knowing a thing,
they'll start longing after
trucks
or helicopters.

What will we use
to ferment our cabbages?
From what bread-trough sourness
will we take our strength?
Women!
Women!
Without Kukutis
how will we be women?

HOW TO BURY KUKUTIS

How shall we bury Kukutis?
With his wooden leg?
Or without his wooden leg?

Really –
Leave it on or take it off?
Take it off or leave it on?

Are there any instructions?
How did they do it
when they buried beggars?

Gal reikia prie kojos padėti
paaiškinimą raštu:
ką pagalvos, jei kada šioje vietoje
statydami miestą,
iškas medinį pagalį,
iškas medinį pagalį –
ir daugiau nieko?

Ir trenks pagalys
nenusakomo amžiaus kvapu,
mėšlavežio ratais,
kutenamos moters kikenimu,
prakaituota kaimiečio siela,
o pačios sielos nebus,
nei moters,
nei ratų…

Paskutinę pasaulio dieną
ar bus ji priskirta prie kūno?
Paskutinę pasaulio dieną
ar su kūnu kartu
ateis medinė jo koja,
ar ateis atsiimti
galutinai suredaguotos teisybės?

Ar bus jinai teisiama
atskirai
su gyvaisiais ir mirusiais –
paskutinę pasaulio dieną
su gyvaisiais ir mirusiais?

Tai kaip:
nuimt? nenuimt?
nenuimt?
nuimt?

Maybe we should attach a note
of explanation to the foot?
What would they think
if one day, in this place,
while building a city,
they dug up a wooden peg,
a wooden peg, and nothing more?

And the peg would give off the odour
of an untold age,
of a manure driver's wheels,
of a tickled woman's giggle,
of a sweaty peasant's soul,
but the soul itself wasn't there,
nor the woman,
nor the wheels…

On the Day of Judgment
will his leg be reunited with the body?
On the Day of Judgment
will his leg be judged
with his body?
Will it come to reclaim
the final revision of the truth?

Will his leg be judged separately or
with the living and the dead?
On the Day of Judgment –
with the living and the dead?

So then,
Take it off? Leave it on?
Take it off? Leave it on?
Take it off?

KUKUČIO TESTAMENTAS

– Niekada nepriprasiu nebūti:
kada man ateis paskutinė –
suriškit rankas, o geriausia
mane prirakinkit prie lovos:
bijau, kad iš baimės numirti
galiu nužudyt save mirdamas.

Niekada nepriprasiu nebūti:
kad nepadaryčiau sau blogo –
virvėm suriškit rankas,
kaladėm suveržkite kojas.
Daužysiuos kaip jautis, sugavę
kol veš į Žuveliškių kapines.

Niekada nepriprasiu nebūti:
pabėgęs vaidensiuos našlėms,
plėšikausiu naktim, kaip belaisvis
aš slapstysiuos rugiuos:
kad tik toliau aš numirčiau
nuo savo mirties.

KUKUČIO PAGAILĖJIMAS TAMSIĄ AUDRINGĄ NAKTĮ

Kur tu, Kukuti, dabar –
po mirties?
Eini kur nors perlytas,
palinkęs prieš vėją –
lyg eitum į kalną,
net šunes
tavęs neaploja.

96

KUKUTIS'S TESTAMENT

I'll never grow used to not being.
When my last day comes
tie up my hands, or better yet,
chain me to my bed.
I'm afraid that out of fear of dying
I might kill myself while dying.

I'll never grow used to not being.
So that I wouldn't harm myself
tie up my hands with ropes,
secure my feet with blocks.
I'll thrash about like a captured ox
until they cart me to the Žuveliškės cemetery.

I'll never grow used to not being.
I'll run away and show myself to widows.
I'll loot at night like a prisoner.
I'll hide my ragged self in the rye,
just so that I may die further away
from my death.

KUKUTIS'S SORROWS ON A DARK AND STORMY NIGHT

Where are you now, Kukutis,
after death?
Soaked through, you wander somewhere
bent down against the wind
as if climbing a mountain,
and the dogs
won't even bark at you.

97

Net ir tą vinį ištraukė,
kur kabindavai šlapią kepurę,
kai grįždavai,
malkas pardavęs Rygoj.

Kur dabar visa tai,
ką tu galvodavai.
Kur dabar yra tavo matymas
ir girdėjimas –
toks aiškus lyg begalybėj.

Kur tu, Kukuti,
kitą gavai kirvelį, –
tavasis rūdija prie durų,
užkaltų
sukryžiuotom lentom,
o plaktukas
išsekė
paskui nepažįstamus žmones,
norėdamas jiems prisigerinti.

Kažin, kur tu dabar, Kukuti,
eini,
persijuosęs pjūklu,
ir nė vieno,
nė vieno šuns,
tave lydinčio.

They've pulled out that nail
where you used to hang your wet hat
after you'd come home
from selling your logs in Riga.

Where now are all the things
you thought about?
Where is your seeing?
And your hearing?
clear as eternity?

Where did you, Kukutis,
get another axe?
Yours is rusting beside the door,
now boarded over
with crossed planks,
and your hammer
wandered off
with strangers,
to gain their acceptance.

Wherever are you now, Kukutis?
You walk,
wearing your saw around your waist,
and not one dog,
not one dog,
sees you off.

99

KUKUTIS KALBINA SAVO GYVYBĘ

– Naktim,
kaip nukirpta avelė,
glaustais man širdy:
vieniša,
nepamylėta gyvybe.

Tu prašai,
kad surasčiau tau draugę –
kitą gyvybę:
kad tylėdamas
laikyčiau per naktį
pavargusias moters rankas.

Mane apkabinusi,
žadini tu naktimis,
šnabždėdama jaunas dienas,
apnuogintus
nepasiekiamus paveikslus,
karštus žodžius kamaroj,
siaučiant pelėms mėnesienoj.

Vieną naktį
tu mane uždusinsi
ir pabėgsi, mane vieną
palikus.

Mano rankos per prastos
tavo švelniems kuždesiams,
atsidūsimams širdy:
aš pavargau
tau dirbdamas visą gyvenimą,
slapstydamasis nuo mirties,
kad tik liktum gyva.

KUKUTIS ADDRESSES HIS LIFE

Nights
like a sheared sheep
you nestle in my heart –
my lonely, unloved
life.

You ask
that I find you a friend,
another life,
that quietly I hold
a woman's tired hands
through the night.

You wake me up
to embrace me,
whispering of youthful days,
naked,
pictures out of reach,
passionate words in the pantry
while the mice raged in the moonlight.

One night
you will suffocate me
and run away, leaving me
alone.

My hands are too rough
for your gentle nestlings,
for the sighs in your heart.
I've grown tired
working for you all my life,
hiding from death,
just to keep you alive.

Bevaike tu mano gyvybe,
bevaikėm naktim
ko tu mane graudini,
ko vartais mano sieloj
kaip kareivio našlė…

NUODĖMINGA KUKUČIO DVASIA

Kai užmiega Kukutis –
pro akis iš jo kūno
išeina dvasia.
Niekam nematoma
patraukia ji per Žuveliškės,
ir visi pradeda nesuprasti,
kas daro tai,
ką draudžia įstatymai,
kodeksai,
dešimt dievo įsakymų.

Kukutis vartosi pro miegus,
vaitoja:
kas į jį prineša
šitiek
kūniškai mirtinų nuodėmių,
iš kur jų tiek
sapnuos?

Rytą bjauru
moterims ir vaikams
pažvelgt į akis…

My childless life,
why, during these sleepless nights,
do you make me cry?
Why do you twist and turn in my soul
like a soldier's widow…

KUKUTIS'S SINFUL SOUL

When Kukutis falls asleep
his soul escapes out of his body
through his eyes.
Invisible to everyone
his soul roams around Žuveliškės,
and no one can figure out
who it is that is doing
that which is against the law,
the regulations,
the Ten Commandments.

Kukutis tosses and turns
in his sleep and groans:
who is it bringing
all these mortal sins unto him?
And how do so many of them
find their way into his dreams?

Mornings he cannot look
women and children
in the eyes…

O toks nesuteptas jo gyvenimas,
o taip apsivalo kasdien
pjaudamas malkas,
galvijams nešdamas šieną
ar klupdamasis su kibiru
prie eketės, –
jis pats savyje
turėtų būt nekalčiausias.

O nuo kūno pasileidus dvasia
mauroja girta,
nesiskutus,
užkabinėja sapnuos
miegančias kaimo našles,
kužda vaikams į ausis keiksmažodžius,
gundo geriančius karčemoj
pasisakyti
prieš patį viešpatį.

Į trečią dieną
pareina jinai nusižeminus,
vilkdama supurvintus,
savo nekaltus marškinėlius,
lenda prie paties viešpačio dievo,
bučiuoja rankas,
pragertu balsu prašydama,
kad atleistų Kukučiui
už kūniškas nuodėmes,
kurių šitiek, jam nežinant, pridirbo.

Pavargus
sugrįžta atgal
pro Kukučio akis

Oh and his life had been so pure.
How he cleansed it every day
by chopping wood,
by carrying hay to the herds,
by kneeling with a bucket
beside the well –
his soul ought to be
beyond reproach.

Released from his body
his soul bellows drunkenly.
Unshaven,
his soul enters the dreams
of sleeping widows,
whispers curses
into children's ears,
tempts people drinking at the pub
to denounce God himself.

On the third day
his soul returns, grovelling,
dragging its dirtied,
innocent shirt,
crawls up to the Lord God himself,
kisses his hands,
and in a voice ruined by drink
begs that Kukutis
be forgiven the mortal sins
it committed
without him knowing.

Spent,
Kukutis's soul returns
through his eyes,

ir, grieždama dantimis,
užmiega
ilgam gyvenimo miegui.

KUKUTIS MOKO VAIKĄ, KAIP PAGLOSTYTI BRIEDĮ

Reikia sulaukti žiemos,
kai sniego bus daug,
kai bastysis miškais
alkani briedžiai…

– Tada bus galima glostyt?

Dar ne. Reikia
šieno pakreikti,
kilpas paspęsti
ir laukti –
kantriai, ilgai…

– Ir jau galima glostyt?…

Ir dar – ne. Reikia
laukti, kol briedis
įklius…

– Ir dabar jau galima?…

Tai pavojinga!
Juk briedis – laukinis žvėris:
nesuprasdamas nieko,

gnashing its teeth,
and falls into
life's long sleep.

KUKUTIS TEACHES A CHILD HOW TO PET A MOOSE

You must wait until winter
when there will be a lot of snow
and hungry moose
will roam about the forests…

"Then may I pet one?"

Not yet. You must
spread out hay,
set up a trap,
and wait –
patiently, for a long time.

"Then may I pet one?"

Not yet. You must
wait until the moose
is trapped…

"Now may I pet it?"

It's still dangerous.
A moose, after all, is a wild animal –
he will thrash about covered in his own blood.

jis blaškosi kruvinai. Reikia
jo galvą smarkiai priremti prie žemės,
virvėm surišti kojas.
Kai pavargęs jis sunkiai alsuos,
vaikas gali prieiti
ir švelniai paglostyt...

KUMELAITĖ KUKUČIO AUSY

Per naktį
Kukučio ausy
užaugo smagi kumelaitė.
Iš džiaugsmo jinai šokinėja,
žvengia
ir spardo į ausų būgnelius.

Kaip negražu, jis galvoja:
eisiu pas gydytoją,
gal man išims iš ausies kumelaitę.
Bet kaip aš paaiškinsiu,
iš kur ausyje kumelaitė?

Kaip negražu
prieš pažįstamus,
prieš vaikus,
prieš tokį gražų ir tyrą gyvenimą,
kur tokios dailios užuolaidos
ir blizga švarūs parketai.

You must push his head securely to the ground
and tie up his legs with ropes.
Once he is exhausted, once he sighs heavily,
then even a child can come near
and gently pet him…

A PONY IN KUKUTIS'S EAR

Overnight
a frisky pony
grew inside Kukutis's ear.
Jumping for joy,
she whinnied,
and kicked Kukutis's ear drums.

This is terrible, Kukutis thought.
I'll go see the doctor.
Maybe he can remove the pony from my ear?
But how will I explain
how the pony got inside my ear?

This is terrible.
How embarrassing
before your acquaintances,
your children,
before such a pure and beautiful life,
with graceful curtains
and shiny parquet floors.

Kukutis niekam nesakė,
uždelsė,
ir buvo dar negražiau.

Tarė sau:
neduok, dieve,
jeigu numirčiau –
tokią gėdą rastų ausy!

Ir Kukutis pradėjo bijoti mirties:
automobilių,
ratų,
kombainų,
kuliamųjų mašinų.
Neduok dieve –
numirtų:
tokią gėdą rastų ausy!

KUKUČIO SENIS SU PLIENINE YLA

Tavo viduj
gyvena dar kitas Kukutis –
baisus, perdžiūvęs senis.
Susirietęs jis sėdi
ir gaudo vis,
ką tu suvalgai.

Kukutis didn't tell anyone,
he procrastinated,
and soon it became worse.

He said to himself,
God forbid I should die
and they'd find such a shameful thing
inside my ear!

And Kukutis began to fear death –
automobiles,
wheels,
combines,
threshers.
God forbid
I should die –
what a shameful thing
they'd find in my ear!

KUKUTIS'S OLD MAN WITH A TIN AWL

Inside of you
lives yet another Kukutis –
a horrible, withered, old man.
Crouching inside of you
he snatches everything
you eat.

Visą gyvenimą
jis ėda ir ėda
tavo uždirbtą duoną –
visad alkanas
bjaurus senis.

Jis anksčiausiai pabunda
ir žadina tave,
smeigdamas į paširdžius
šaltą plieninę ylą,
kad pašokęs
skubi prie kasdieninio valgio.

Paėdęs lėtai ir sunkiai
jis verčias ant kito šono,
aštriais apkaustais –
iš vidaus –
spardo tavo gyvybę,
kurią šitaip sunkiai uždirbai,
kas metai išardamas
ir vėlei apardamas žemę.

Ir taip gyveni tu su baime:
nieko neduosi
bjauriam perdžiūvusiam seniui –
nudurs mirtinai,
smeigdamas į paširdžius
šaltą
plieninę ylą.

All your life
he devours
your hard-earned bread –
he is an eternally hungry,
horrible old man.

He wakes up
earlier than you in the morning
and stabs you under the heart
with a cold tin awl
demanding you hurry
to your daily food.

Once he's eaten,
slowly, heavily,
he shifts onto his other side
and with his sharp feet
kicks your life
out of you
from the inside,
the life you've earned so painfully,
ploughing and harrowing
year after year.

So you live with the fear
that if you don't give
the horrible, withered old man anything,
he'll stab you to death
with his cold tin awl.

KUKUČIO DAINA

Kukutis uždainavo: – Kokia laimė
gyvent ir būt gyvam savaime!
Važiuoti štai, laimingam būt savaime
net ir tada, kada apleidžia laimė!

Ant vartų pasirėmusi daina Kukučio klausės
apie jo laimę būti laimingiausiam.
Priėjusi daina per petį jam paplojo:
– Teisingai ir gražiai, žalty, dainuoji!…

Ir ėmė jam pritarti prisiglaudus –
savaime pūtė vėjas, draikė šiaudus.
Kukutis arklius suplakė ir nuvažiavo,
o daina toliau viena pati dainavo.

NELAIMINGAS KUKUTIS BULVĖSE

– Ką man daryti,
kur pasidėti:
kai nėra pinigo –
yra duonos.

Išaugo bulvės –
virkščios nuvyto.
Didis pasaulis,
o bulvės – mažos…

Viskas išvirsta
į kitą pusę:

114

KUKUTIS'S SONG

Kukutis broke into song: How fortunate I am
to live and to be alive just for the sake of living!
I can drive along and be happy just for the sake of being happy
even when luck deserts me!

A song leaning up against a fence heard Kukutis singing
about his good fortune in being fortunate.
The song sidled up to him and patted him on the back:
You sing the truth and you sing it beautifully, you Snake!

The song snuggled up to Kukutis and began to harmonize.
The wind blew, scattering the straw.
Kukutis whipped the horses and drove off,
and the song continued singing all alone.

UNHAPPY KUKUTIS IN THE POTATO PATCH

What should I do?
Where should I go?
When there isn't any money –
there is bread.

The potatoes grew –
their flowers wilted.
It's a big world
but the potatoes are small…

Everything tumbles
onto its other side:

maišai dauginas –
karvė bergždžia!

Šitiek lėktuvų
danguj šiais metais,
o kitais metais –
gal ir nebus.

Žiema kai buvo –
nebuvo vasaros,
atėjo vasara –
žiemos nėra.

Kai buvo meilė –
nebuvo moters,
yra štai moteris,
o meilės – nėr!

Kaip gelia širdį,
kai medžiai čiulba:
lėktuvai skraido,
o bulvės – ne.

KUKUČIUI REIKIA MOTERS

Nė viena musė,
įkyriai zirzdama,
nepažadina rytą Kukučio.
Niekas neskamba virtuvėj,

the gnats reproduce,
but the cow is barren.

So many planes
are in the skies this year,
but next year
there might not be any.

When winter was here,
summer wasn't.
Summer came
and winter disappeared.

When there was love
there was no woman.
Now there's a woman,
but there's no love.

It stings my heart
when the trees chirp,
planes fly,
but potatoes don't.

KUKUTIS NEEDS A WOMAN

Not one annoying
buzzing fly
wakes Kukutis in the morning.
There is no banging in the kitchen.

asla neprilaistyta,
pasuolėse tuščia.

Taip tylu,
kad indų varis pajuodo
ir pažaliavo
lango stiklai.

Nėra pikto žodžio,
įsidegančio kaip degtukas,
tylėjimo,
nusigręžus vienas nuo kito,
naktį
atleidimo už viską –
ligi ryto,
kol vėlei virtuvė ir kiemas
prigužės išalkusio gyvio.

Naktimis
nėra to graudumo,
kad taip susidirbai gyvenimą,
paimdamas tokią, suklypusią vargšę:
ji neprilygsta toms,
ką matai
šokančias ir dainuojančias
televizoriuj ar sapnuos.

Kukučio sapnai
jau nieko gero nerodo:
kad tik būtų
naktinių pasigailėjimų,
prilaistytos virtuvės
ir išalkusio, į akis žiūrinčio gyvio.

The dirt floor isn't splattered
and under the benches it is empty.

It's so quiet
that the pot's copper has blackened
and the window panes
have greened.

There is no nasty word
lighting up like a match
or a hard silence
or back turned away
and then at night
forgiveness for everything
until morning
until once again
starving life gathers
in the kitchen and in the yard.

Nights
lack that regret
that you really ruined your life
by taking such a pitiful creature.
She does not compare with the women
you see dancing and singing
on television or in your dreams.

Kukutis's dreams
reveal nothing good.
If only there were
night time regrets,
splattered kitchens,
and a hungry being gazing into his eyes.

Nežinia jau kiek metų
be moters
nėra namuose nė vienos musės, –
kad bent ji ankstyva
pazirztų!

KUKUČIO GAILESTIS DĖL KULIAMŲJŲ SUNYKIMO

– Kaip būdavo smagu
pagriebt minkštą moterišką
ir griūti į šiaudus,
springstant
kuliamajai mašinai.

Kokie būdavo karšti
moterų užančiai,
pribirę akuotų!
Viso to
niekas dabar neišmano
be kuliamųjų mašinų!

Rudenį
kaip smagiai drebėdavo žemė,
gaudžiant motorams,
ir pastodavo moterys
pavasario sėjai.

Who knows how many years have gone by
without a woman.
And not even one fly in the house
that would buzz early in the morning.

KUKUTIS MOURNS THE LOSS OF THRESHING MACHINES

How much fun it was
to grab a soft woman
and tumble into the straw
as the threshing machine choked.

How hot was the woman's
cleavage strewn with chaffings.
All that is gone now
without threshing machines.

In Autumn the earth
trembled beautifully
as the motor hummed
and the women grew pregnant
for the spring sowing.

KUKUTIS VENGIA ATSAKOMYBĖS

Gražų rudenį
važiuoja Kukutis bulvienomis.
Guli jose
jau nebegyvas
suvažinėtas kopūstas
ir voliojasi girtas maišas.

Ant bulvių krūvos
sėdi Antosė
ir galanda dantis:
– Imk mano širdį į žmonas, –
jau pilnametė mano širdis!

Kukutis apsimetė,
kad neišgirdo,
smarkiai pavarė arklius:
– Visos taip sako,
kai, atsagstydamas liemenėlę,
eini prie širdies!
O paskui už visa tai
turi atsakyti
kaip už kokią vagystę!

Dar smarkiau suplakė arklius.
Bet matė vis prieš akis –
kaip paveikslą:
plačią Antosės šypseną
su baltais dantimis,
aplink veidą –
permatomus plaukus,
tarsi linų grįžtes
aplink
saulę.

KUKUTIS AVOIDS RESPONSIBILITY

One fine Autumn
Kukutis was carting potatoes.
Among the potatoes
lay a dead,
squashed cabbage, and
a drunken sack rolled about.

On top of the potatoes
sat Antosė,
grinding her teeth.
"Take my heart to be your wife.
My heart is already of age!"

Kukutis pretended
not to hear her
and drove the horses harder.
All women say that
when you unbutton their blouses
and get close to their hearts.
And then you must answer for it,
as though you'd committed a robbery.

He drove the horses harder,
but still, in front of him, he saw,
as if a picture,
Antosė's wide smile,
her white teeth,
and around her face,
wisps of her flaxen hair
as though they were strands of linen
radiating out of
the sun.

Taip buvo smagu
ir pasiutusiai liūdna.
Taip varė arklius pirmyn,
tarsi jie lėktų atgal –
į platų Antosės veidą,
besišypsantį virš bulvienų,
kur voliojasi
bulvių girti maišai.

KUKUTIS ŽIŪRI Į STIUARDESĘ

– Kai jinai į mane pasižiūri –
kokia negraži mano burna,
koks aš visas išklypęs,
kaip kliūva dešinė koja,
kai lipu į lėktuvą.

Kai jinai į mane pasižiūri –
kokie maži mano trobos langai,
koks nešvarus kiemas,
kai palyginu jį
su švariai pradarytu užančiu.
Kaip aš bjauriai miegu,
kokie nešvarūs,
šiaudų prikreikti sapnai!

Kaip nešvaru man pačiam,
kai valgau su tokia bjauria burna,
kaip slegia mane,

How wonderful
and yet how maddeningly sad.
He drove the horses forward
and still they were flying backwards
into Antosė's wide face,
smiling above the potatoes,
and drunken sacks
rolling about.

KUKUTIS GAZES AT A STEWARDESS

When she glances at me –
how ugly my mouth seems,
how run-down I look,
how my right leg gets in the way
as I climb inside the aeroplane.

When she glances at me –
how tiny my cottage windows are,
how unkempt my yard is,
overrun with chickens and pigs.
How ugly my sleep,
how dirty my straw-covered dreams,
especially when she leans over me,
revealing her perfumed cleavage.

When she glances at me –
even I'm disgusted
by the way I eat

kai matau mintyse,
kaip eina jinai miegoti,
kaip išsirengia –
lyg šokdama –
iš tokių permatomų nailonų.

KUKUTIS PASAKOJA APIE SAVO MOTERĮ

– Tai turėdavau vargo:
kol ją rytą užvesdavau,
sukdamas didelį smagratį,
kol įšildavo,
kol imdavo veikti, –
čiaudėdavo,
sproginėdavo,
drebindavo žemę
lyg girnos kelių malūnų.

Paskui ją paleisdavau –
atitrūkus
per dieną ji lėkdavo
dundėdama,
barstydama miltus,
lesalą,
pūškuodama rausdavo
bulvių vagas,
be perstojo šnekėdama,
visa aprūkusi ir žemėta.

with such an awful mouth.
How ashamed I am
when I see her in my thoughts,
before going to bed –
dancing out of those
see-through stockings.

KUKUTIS TELLS ABOUT HIS WOMAN

How much trouble I would have
getting her started in the morning,
turning the fly wheel,
until she warmed up,
until she could run,
she'd sneeze,
backfire,
make the earth tremble
like several millstones.

Then I'd let her go
and she'd fly through the day
rumbling,
strewing flour,
bird seed,
splashing about
until the potato rows turned red,
chattering nonstop,
fogged over,
soiled with earth.

O vakare –
sustabdydavau
tik atrėmęs į sieną.
Atsidusdavo
ir užmigdavo
stovėdama,
neatsimindama,
ką veikė
ir ką visą dieną šnekėjo.

KUKUČIO KELIONĖ ŽEMAIČIŲ PLENTU

Važiuoja Kukutis ir kalba:
– Kaip Lietuva panaši į Lietuvą!
Jos beržai visad panašūs į beržus,
kaip ir dangus:
virš Lietuvos
visada toks lietuviškas!

Iš kur imasi
Lietuvos panašumas į Lietuvą?
Visa, ką atsimeni ar pagalvoji –
panašu į Lietuvą!

Ardamas
žiūrinėja perlaužęs grumstą,
pusto grūdus delnuos,

Oh and in the evening
I'd stop her
by leaning her
up against the wall.
She'd take a deep breath
and fall asleep,
on her feet,
not remembering
everything she'd done,
and everything she'd chattered about
all day long.

KUKUTIS'S TRIP ON THE SAMOGITIAN HIGHWAY

Kukutis muses as he drives along –
How Lithuania looks like Lithuania!
Lithuania's birches look just like birches in Lithuania,
and the sky over Lithuania
is so Lithuanian.

Where does the resemblance come from?
Anything you could possible think of
resembles Lithuania.

While ploughing
he examines a clod of earth,
blows grain from his palms,
smells bread baking,
stands barefoot on the earth...

uosto duoną,
stoja basas ant žemės…
– Kas duoda Lietuvai
panašumą į Lietuvą?

Iš kokios vietos jis imasi?
Niekas jo nesuranda ir neįstengia panaikint:
kokie karai bepraeitų,
kaip būtų ištrypta žemė –
Lietuvai lieka dangus
panašus į Lietuvą!

Ir kur iškeliautum,
ir ką sugalvotum,
bus panašu į Lietuvą:
į dangų,
į beržus,
į grūdų šilumą delnuose,
į rugiapjūtės laukus,
gėlėtus nuo moterų!

KUKUČIO APSILANKYMAS VILNIUJE

– Tai didelis Vilnius!
Vienam pakrašty
stovi gandras,
kitam –
girdėti kalenimas!
Vienam jo krašte
kerta rugius,

What makes Lithuania
so Lithuanian?
Where does it come from?
No one has ever been able to find it
and destroy it –
whatever wars may have passed through,
however the land may have been trampled –
Lithuanian skies just go on looking
Lithuanian.

Wherever you may travel
or whatever you may think of
will always resemble Lithuania –
her skies,
her birches,
the warmth of her grain
in your palms,
her harvest,
flowered by women.

KUKUTIS'S VISIT TO VILNIUS

My, Vilnius is big!
At one end
a stork stands –
at the other
it claps its beak.
At one end
they're harvesting rye –

kitam –
riša pėdus;
vienam –
verkia vaikas,
kitam –
jį tildo;
vienam –
dainuoja,
kitam –
pritaria…
Tai didelis Vinius!
Taip jis ir eina laukais
per Lietuvą:
pro Dubysą,
per Luokę,
per Žemaitiją –
ligi pat jūros!

KUKUTIS VAŽIUOJA PILNU TROLEIBUSU

Suspaustas iš visų pusių,
Kukutis smagiai sau galvoja:
– Koks tai yra patogumas
važiuoti troleibusu!
Štai važiuoji, ir niekam nerūpi,
kodėl tu važiuoji…
Nieks nepaklausia,
ar esi ką nors prišnekėjęs,
įžeidęs,

at the other
they're tying it in bundles
at one end
a child is crying –
at the other
they're comforting him
at one end
someone is singing –

at the other
someone harmonizes.
Yes, Vilnius is big.
And it keeps on going
across the fields
through Lithuania
past the Dubysa
through Samogitia
all the way to the Baltic Sea.

KUKUTIS RIDES A FULL TROLLEYBUS

Packed in from all sides
Kukutis thinks happily to himself
what a pleasant thing
it is to ride a trolleybus.
You ride along and no one cares
why you are riding.
No one asks
if you've said too much,
or if you've hurt some one.

niekam nerūpi,
kad ką nors apgavai
arba:
kad nuo šiol
esi sau pačiam prižadėjęs
būti visiems
teisingas ir doras.

Niekas nepasižiūri;
kiek tau metų?
kokios tavo akys?
plaukai?
veido žymės?
kas yra giminės?
iš kur atvažiavai?
kokiu tikslu?
Ir iš viso:
ar tu gyvas,
ar šiaip sau važiuoji?

Jie vienu metu
negali kartu atsigręžt,
paklaust,
tyrimai
pažvelgt į akis,
įsidėmėti veido žymes…

Koks tai yra patogumas!
Niekas nepastebės,
jei kurią dieną
ir visai nevažiuosi.
Ir nieks neatlėks į namus,
reikalaudamas pasiaiškinti:
– Kodėl nevažiavai troleibusu?

No one cares
that you deceived someone
or that from now on
you've promised yourself
to be truthful and honest
to everyone you meet.

No one looks to see
how old you are.
What colour your eyes are.
What colour your hair is.
If you have scars.
Who your relatives are.
Where you come from.
What you're doing here.
And all in all,
if you are alive
or just riding around for the fun of it.

They can't
all turn around
at once and ask,
searchingly
gaze into your eyes,
or notice the scars on your face.
How comfortable it is.
No one will notice
if one day
you didn't ride at all.
And no one will come running
to your home
demanding to know:
why weren't you riding
the trolleybus?

KUKUTIS KATEDROS AIKŠTĖJE SUSAPNUOJA
ŽUVELIŠKIŲ KAIMĄ

Kukutis
Katedros aikštėj
pasidėjo ant duonos galvą
ir, apkvaitęs nuo vasaros įkaito,
susapnavo Žuveliškių kaimą:

Lyg po tvano iš Nojaus išgelbėto laivo pasipylė į aikštę galvijai
žvirbliai ir šunys pritvinkusios karvės primdėlės telyčaitės buliukų
apstotos mergaitės su pienių pirmųjų vainikais Katedros aikštės
gale ant šakės parimo Žuvelis džiaugsmingai žiūrėdamas į ave lę
ties varpine dailiais išverstais kailiniais visa aikštė pригužėjo
Žuveliškių iš visų pašalių lindo kas gyvas skubėdamas viskas
ėmė skambėti baubti mauroti gagenti kriuksėti švilpti giedot
tarškėti žvengti žviegti baubti gagenti šnypšti kvarkti mekenti
kakarykuoti kakti skalinti dėsliai kudakuoti kvepėti mėšlavežio
ratais diendaržių šiluma šimto metų kamaros vėsa karšta degtinės
gelme nevalytais senukų žodžiais

nuo varpinės iki Vilnelės išsistatė Žuveliškių kaimas su karvių
išmintu taku per patį Katedros vidurį su popiečio nuomigiu su
vištų slopiu karkimu iš tranzistorių ir su Antose ant šieno vežimo
kietai sugniaužtom krūtim

Prie Kukučio pareigūnas prieina ir sako:
– Baik! Kukuti! Sapnuot!
Viešoj aikštėj ko ten ieškai, Kukuti,
po moterų užančius! Ką
Europa apie mus pagalvos!
Istorinėj aikštėj! Priveisei! Kiaulių!
Pristatei tvartų!
Vištidžių! Panaikintų vienkiemių,

KUKUTIS DREAMS UP ŽUVELIŠKĖS VILLAGE IN THE CATHEDRAL SQUARE

Kukutis
lay his head on a loaf of bread
and dizzied from the summer's heat
dreamed up Žuveliškės village
in the Vilnius Cathedral Square

Like after the great flood out of Noah's saved ark into the square
pour forth flocks of sparrows and dogs bloated cows yearling
calves and girls surrounded by bulls with wreaths on their heads
made from the first dandelions of the year at the end of the
Cathedral Square leaning on his pitchfork Mr. Little Fish happily
stares at a lamb standing before the bell tower showing off his
sheepskin coat the entire square is soon crowded with Žuveliškės
from all corners something alive comes crawling out hurrying
everything begins to bellow moo cackle oink whistle crow crackle
neigh squeal bellow quack hiss cluck bleat cock-a-doodle-doo
howl yelp cackle and smell like a cattle yard's
warmth in a manure wagon's wheels the coolness of a hundred-
year-old pantry the hot depths of whiskey of old people's dirty
words Žuveliškės village sets itself up from the Vilnelė River all
the way to the Bell Tower with the cow's footpath winding straight
through the very centre of the Cathedral with the laziness of an
afternoon's nap and the suffocating noise of historical chickens
clucking with Antosė seated on the hay wagon with her firm breasts
squeezed together

A police officer approaches Kukutis and shouts:
Kukutis – Stop – Dreaming –
In a public square – What are you doing – Kukutis –
Staring at cleavages – What will Europe – Think of us –
In a historic square – You've bred – Pigs –
You've built – Pigsties – Chicken coops – Condemned farmsteads –

137

jau išbrauktų iš inventoriaus sąrašo!
Tuojau! Baik! sapnuot!

Baik sapnuot
tą galvijų ištryptą kiemą
gražiai išgrįstam grindiny,
tuos atsilikusius baudžiauninkus,
iškinkytus ratus tenai,
kur tuoj pat ant pakylos
turi sėsti orkestras!

Tuoj pat! Padaryti! Vietos!
Tautiečiams! Jie žiūrės į Bokšto laikrodį!
Ar? Supranti? Ką? Darai? Be leidimo
basą sapnuoji Žuvelį su gandralizdžiu virš galvos!
O jeigu kas nors nufilmuos jį
lietuvių poezijos antologijai?!

Prilėkė greitųjų pagalbų,
gaisrininkų,
kurie vandens čiurkšlėmis
atgal ėmė vyti į žemę
besikeliančius iš numirusiųjų,
nuplaudami gyvulėlius,
apsamanojusias,
dūmines baudžiauninkų trobeles,
o ties varpine
šeštadieninė talka
stojo užverst šulinių.

Pareigūnas įkaitęs
pasiutusiai rėkia į ausį:
– Baik! Kukuti! Sapnuot!

Already crossed off the list of approved architecture – Stop –
This dreaming – Immediately –

Stop dreaming of that
cow-trampled farmyard
on the beautifully paved square,
stop dreaming up those backwards serfs
those hitched wagons standing over there
beside the bandstand
where soon the symphony must play

Make – Room – Immediately –
For our countrymen – They would like to admire the Bell Tower –
Do you – Understand – What – You're doing –
Without permission you've dreamt up that barefooted
Mr. Little Fish and a stork's nest above his head –
What if someone were to film him –
For the Lithuanian Poetry Anthology!

Ambulances rush over
and the fire department
armed with fire hoses
begins to chase back into the ground
the risen from the dead,
hosing down the animals,
and the smoky peasants' cottages
overgrown with moss,
and meanwhile, in front of the Bell Tower
the Saturday Volunteer Corps
begins to knock down the well.

The frenzied police officer
screams hysterically into Kukutis's ear:
Kukutis – Stop – This dreaming –

Matai! Ką! Padarei!
Kaip spalvotai filmuoja!
Kaip dabar prieš visą pasaulį atrodysim!
Nuvalyt aikštę! Tuos senius
baik sapnuot!
Jiems negalima keltis! Jie
suregistruoti yra mirties knygose
kaip beraščiai –
jie negalės
žengti su mum pirma laiko!
Nėra prisikėlimo!
Nėra pomirtinio gyvenimo,
todėl ir nėra jo!

Šeštadieninė talka
kol nuverčia tvartus vienoj aikštės pusėj,
iš kitos
Kukutis vėl susapnuoja Žuveliškes
su Žuveliu,
meiliai žiūrinčiu,
kaip raikoma duona
minkštai įsispaudžia
į moterų plačias krūtines.

Pareigūnas
rėkia dar įsakmiau:
– Baik sapnuot tą nešvarų Žuvelį!
Ar nematai, ką jis daro
nusisukęs už varpinės!
Ar nematai, kaip tautiečiai
negali apžiūrėt Bokšto laikrodžio!

140

Can't you see – What – You've done –
Can't you see –
How you're dreaming in colour –
How will we look before the world now –
Clean up that square – Stop dreaming up
those old goats –
They are not permitted to rise –
They are registered in the death registry
as illiterates –
They won't be capable
of marching into the future with us –
There is no resurrection –
There is no after life –
And therefore they do not exist either –

As soon as the Saturday Volunteer Corps
finished knocking down the pigsties on one side of the square
Kukutis dreamed up Žuveliškės again
on the other side
with Mr. Little Fish
lovingly watching
how bread is kneaded,
how it is pressed out softly
from between the women's wide breasts.

The police officer begins to scream
even more furiously:
Stop dreaming up that filthy Mr. Little Fish –
Can't you see what he's doing
turned away behind the Bell Tower –
Can't you see how many of our countrymen
cannot admire the Bell Tower because of him!

Ar nematai,
kiek sutraukė jisai žioplių!
Kiek mašinų sutvenkė ties perėjimu!
Ar! Nematai! Kad! Jau! Ne juokai!
Reikia!
Skubiai!
Paleisti!
Per aikštę
brolišką žemaičių delegaciją
atvykusią
pasveikinti Lietuvos!

KUKUČIO DIAGNOZĖ

dar niekada Kukutis nebuvo taip pagerbtas tiek daktarų baltais
chalatais iš visų pusių apžiūrinėja visą jo gyvenimą dailios seselės
iškuteno pasiguldžiusios ant kanapos visiems labai įdomu viskas
net ir tai kas atlieka nuo kūno pro visokius stiklus žiūrinėjo sukišę
galvas lyg tai būtų kokio karaliaus viens kitam rodo lygina pagal
knygas ir Kukučiui labai įdomu kad jo tokiuose niekuose randa
tiek daug įdomaus kad tiek daktarų sutraukė kad taip įdomiai į
jį dirsčioja šnekina šnabždasi galvas sukišę o meilios seselės
šypsodamos valgydina mažais šaukšteliais: gerai galvoja Kukutis
vedžioja jį prisigludusios smulkiai alsuodamos ir ne šiaip sau ne
taip kaip kitus įdomiai kalbina kartą girdi daktarai šneka kad

142

Don't you see –
How many gawkers he's attracted –
Don't you see how many cars have stopped
in front of the crossing!
Can't – You see – That – This is not a joke any more –
You must –
Quickly –
Let the recently arrived
brotherly Samogitian delegation
pass through the square
so that they may greet
Lithuania –

KUKUTIS'S DIAGNOSIS

never before had Kukutis been honoured by so many doctors
at the same time in white jackets from all sides they examine his
entire life dainty nurses tickle him laying him on the examination
table everyone is very interested in everything even in what is
left over from the body they examine they look through all sorts
of microscopes heads together as if he were a king they show
one another things and compare things with books and Kukutis
is very interested as to how in such nothingness they could find
so much that was interesting they poke him in such an interesting
manner they get him to talk they whisper heads together while
the sweet nurses smile coaxing him to eat feeding him small
spoonfuls: this is nice Kukutis thinks as they lead him around
holding him closely and not in any old way like he hears them
talking to others he hears the doctors saying that he will live

143

Kukutis gyvens tik vieną savaitę kad viskas baigta ir Kukutis
atstūmė seselę šoko prie daktarų juos perskirti: taip jums buvo
įdomu ir duodat man tik vieną savaitę daktarai sukišę galvas
pasišnekėjo ir pasakė: daugiausia dvi savaites Kukutis papurtė
galvą: nė velnio ėmė purtyt duris: pas kitus nieko įdomaus neradot
ir davėt gyvent metus ir daugiau ir daktarai krūvon susispietę
neryžtingai pasakė: kad gal mėnesį ir Kukutis mostelėjo ranka
sutikdamas:
– gerai užtenka dar spėsiu susidėti dantis!

KUKUTIS MUŠA MOKSLŲ KANDIDATO PLIUGŽMOS ŠUNĮ

Stojo Kukutis prižiūrėt Pliugžmos šuns.
Per dieną šuva jį stebi,
neleidžia laisvai pajudėt.
Kilmingas Pliugžmos šuva
tuoj šiepia dantis,
pabrėždamas
jo žemą kukutišką kilmę.

Jis urzgia,
kai tik artėja prie knygų lentynos,
siekia jų nugarėlių
ar kai apžiūrinėja paveikslus.
Šiepdamasis jis pabrėžia,
kad Kukutis nemoka prancūziškai,
angliškai,
kad tapyti Paryžiaus peizažai
neprilygsta Žuveliškėms!

only a week that it's all over and Kukutis pushes the nurses away jumps up to the doctors separates them: it was so interesting for you and you are only giving me one week the doctors put their heads together talk it over and say: two weeks at the most Kukutis shakes his head: No way and he rattles the door: You didn't find anything interesting in the others and you gave them a year or more to live and the doctors swarm into a cluster and turn around and hesitantly say: maybe a month and Kukutis waves his hand in agreement:

"Good, that's enough time for me to have false teeth put in."

KUKUTIS BEATS THE AGENT'S DOG

Kukutis volunteered to dog-sit the agent's dog.
Throughout the day the dog stared at him,
didn't let him move around freely.
The pedigree dog
bared his teeth,
emphasizing
Kukutis's low Kukutis-like origins.

The dog growled
as soon as Kukutis neared the bookshelf,
reached for a book binding
or when he browsed at the pictures.
Snickering, the dog reminded Kukutis
that he doesn't know French
or English,
and that reproductions of Parisian landscapes
are far superior to those of Žuveliškės.

Pliugžmos šuva
vedžioja Kukutį po Vilnių.
Eina paskui Kukutis,
bijodamas pasiklysti,
vengdamas gražiai pakarpytų vejų,
kuriose Pliugzmos šuva vis sustoja pabrėžti
mažaraštiškumą,
neišsilavinimą, –
jo medinę
vis nuo jo atsiliekančią koją.

KUKUČIO KREIPIMASIS Į ALFABETĄ
Iš Kukučio archyvo

– Visoms raidėms vienodą lygybę!
Pirmiausia pradėti nuo A!
Tai ji visoms pastoja kelią į priekį!
Ją nutremti į galą!
Z tampa lygi visoms ir rašoma vienu metu su visom!
A neturi būti rašoma pirmiau Z,
kaip ir Z – pirmiau A!
Į kiekvieną atskirą žodį
visos raidės turi vienodas teises!
Visos rašomos ir tariamos vienu metu!
Panaikinamos didžiosios raidės,
visos mažosios paverčiamos didžiosiomis!

The agent's dog
led Kukutis around Vilnius.
Kukutis walked behind him,
afraid of getting lost,
side-stepping the dog's fresh droppings,
when the agent's dog,
would stop to emphasize Kukutis's
illiteracy,
his ignorance,
and his wooden leg,
always lagging behind him.

KUKUTIS'S APPEAL TO THE ALPHABET
From Kukutis's archives

All letters are equal
starting with "A"!
"A" blocks our way!
Exile "A" to the end!
Let "Z" be written the same time
as all the other letters.
It's against the law to write "A" in front of "Z"
and it's against the law for "Z"
to be written in front of "A".
All letters have equal rights.
All have equals chances of getting into the same word!
All letters must be written and pronounced at the same time!
All capital letters must be abolished.
All lower cases letters are to become upper case!

P.S. Perskaičius, tuoj pat sunaikinti:
ši lygybė skelbiama pažeidžiant skelbiamą raidžių
lygybę!

PASKUTINIS ATSISVEIKINIMAS SU KUKUČIU

Įsikniaubįs į žolį
miršta mažas Kukutis,
susirietįs – lyg bitė prie avilio.
Paskutinį kartą atsikvepia,
įtraukdamas į save viso gyvenimo gėrį.

Miršta toks mažas Kukutis,
nematomas iš lėktuvų,
nefiksuojamas radarų ekranuose,
nepastebi jo mirties povandeniniai laivai.

Tyliai miršta Kukutis,
nesudrumsdamas radijo ryšio,
traukinių eismo,
nepakenkdamas lėktuvų reisams…

Miršta mažas Kukutis,
nepakenkdamas niekam – kaip atodūsis.
Toks mažas, nematomas miršta visam pasauly,
miršta visiems laikams,
miršta visur, kur yra bent kas nors gyva,
nors kraštelis dangaus,
žemės sauja,
skruzdė su eglės spygliu…

P.S. Once you read this, destroy it right away.
This declaration violates the law of equality of letters.

A LAST FAREWELL TO KUKUTIS

Burrowing into the grass,
small Kukutis dies
curled up like a bee beside his hive.
He dies for the last time
breathing in all the good of life.

Kukutis dies, so small –
unseen from aeroplanes,
undetectable on radar screens,
unnoticed by submarines.

Kukutis dies quietly,
not interrupting radio waves,
train schedules,
flight schedules…

Small Kukutis dies
not hurting anyone – like a sigh.
So small, invisible to the entire world,
he dies for all times,
dies wherever there is a trace of life,
a corner of sky,
a handful of earth,
an ant toting a fir needle.

Miršta paukščių lizduos,
snieguotose kalnų viršūnėse,
vaisių sėklose, grūduose,
miršta knygose, aviliuose…

Miršta ten, kur jo niekad nebus:
ekspresų languos, posėdžių salėse,
miršta žodžiams, vaikams, Antarktidai,
Araratui, Australijai, Andų kalnams,
miršta visam pasauliui…

Virš horizonto patekėjus žvaigždė
į begalybę
transliuoja jo amžiną mirtį.

He dies in birds' nests,
on snow-covered mountain peaks,
in fruit seeds, in grain,
he dies in books, in bee hives…

He dies there where he can never be –
in express train windows, assembly halls.
He dies for words, for children, for the Antarctic,
for Ararat, Australia, the Andes,
he dies for the entire world…

A star, risen over the horizon,
broadcasts his eternal death,
to infinity.

p. 15 'Spending the Night at Kukutis's Place': The Prussians, who spoke a Baltic language similar to Lithuanian, became extinct after their territory was occupied by the Teutonic Knights in the Middle Ages. Polish Lords refers to the land-owning Polish nobility in Lithuania. Skuodas is a town in the Samogitia region of Lithuania. Kukutis's 'talk' refers to the Samogitian dialect, Kukutis's native dialect.

p. 21 'Kukutis's Barren Bread': Memel is the German name for the Lithuanian city Klaipėda. This city passed back and forth between Germany and Lithuania in the interwar period. Vilija and Neris are two major rivers in Lithuania. Kõnigsberg is the German name for the Lithuanian Karaliaučius, presently Kaliningrad.

p. 41 'Kukutis's Swallow's Hymn': The lines "when all of Lithuania returns / after a long winter's exile / to the fields / with ploughs and hoes" elude to the forced exile by Soviet occupying forces of a third of Lithuania's population to Siberia. Mass deportations to Siberia took place in 1941, and then again in 1944-1956.

p. 43 'Kukutis's Application for Temporary Relief Aid': During the Soviet period, Soviet citizens were put in the position of having to ask for everything they needed. In this way people became dependent on the government and lost their personal initiative.

p. 47 'Kukutis's Sermon to the Pigs': After a third of the Lithuanian nation was annihilated as the result of mass deportations, partisan warfare, and exile, many remaining Lithuanians, particularly in rural areas, complied with the Soviet authorities, collaborating with the new rulers to a lesser or greater degree. Kukutis calls these individuals pigs and berates them for their complicity.

p. 59 'Kukutis Opens His Eyes': During the half century of the Soviet regime Lithuanians were not allowed to travel outside of the Soviet Union without explicit permission and without the supervision of the KGB. Very few Lithuanians travelled abroad during the Soviet period, and therefore the very thought of travel outside the Soviet Union was both frightening and enticing.

p. 61 'Kukutis Drives Fast': "Obsolete money" is a reference to obsolete currency. In Martinaitis's lifetime the currency in Lithuania has changed five times already. With the euro, the currency will change a sixth time.

p. 65 'Forbid Him!': It seemed as though everything were forbidden the average citizen under the Soviet system and therefore Kukutis goes on a spree, doing everything that could possibly be forbidden a Kukutis like him.

p. 77 'Kukutis and the World's Fair': Raseiniai Market is a country fair ground. Such fair grounds are common places of commerce in Lithuania and in Eastern Europe. "Ist es eine Litauische Schweine?" is German for "Is that a Lithuanian pig?"

p. 83 'Kukutis at his Funeral': Collective Comrade's Meeting refers to meetings that collective farm workers were required to attend. Collective farm workers would receive prizes, such as "best milk maid" or "best mechanic," etc. Under the Soviet system citizens could be awarded prizes if they fulfilled two criteria: they proved their loyalty to the party and they managed to perform their assigned job adequately.

p. 89 'Kukutis's Last Day': During World War Two and the post-war period tens of thousands of Lithuanians lost their lives violently and unexpectedly. In this poem Kukutis rejoices that he is able to die his natural death – something few of his generation would have been able to boast.

BIOGRAPHICAL NOTES

MARCELIJUS MARTINAITIS is the author of fifteen collections of poetry, five collections of essays and a series of three memoirs. In 1998 he was the recipient of the Lithuanian National Award in Literature, the highest honour bestowed upon a Lithuanian writer. Martinaitis was born in 1936 in the village of Paserbentis in geographically and culturally isolated Western Lithuania. He graduated from Vilnius University in 1964 with a degree in Lithuanian Literature. For more than a decade, he worked as a journalist and editor. From 1980 onwards he taught ethnography, literature, and poetry workshops at Vilnius University. He retired in 2002.

Martinaitis's work has been translated into English, Estonian, French, Norwegian, Russian, Swedish, and Ukrainian. In addition to his work as a poet, essayist, and educator, Martinaitis is highly respected in Lithuania as a social activist and one of the first members of the Lithuanian grassroots political movement Sąjūdis. During the late eighties and early nineties, Martinaitis actively participated in Lithuania's struggle to regain independence from the Soviet Union. In 1989 he was elected into the Supreme Soviet and travelled to Moscow to argue Lithuania's cause as part of Sąjūdis's strategy to work within the Soviet system of governance towards the goal of declaring Lithuania's sovereignty.

LAIMA VINCĖ is a graduate of Columbia University, School of the Arts MFA program in Creative Writing. She is a recipient of a National Endowment for the Arts Fellowship, two Fulbright lectureships, a PEN Translation grant, and an Academy of American Poets award, among other honours. Her memoir in diary form of her student years at Vilnius University in 1988-1989 during the time of Lithuania's singing revolution was published in 2008 by the Lithuanian Writers' Union Publishers as *Lenin's Head on a Platter*. Her novel for children, *The*

Ghost in Hannah's Parlour, was translated into Lithuanian (Vaiduoklė Svetainėje) and was selected by Lithuanian Radio and Television as one of the top five books published for children in 2007.

Laima Vincė is the translator of Marcelijus Martinaitis's collection *K.B. The Suspect*, published by White Pines Press. She is also the translator of Juozas Lukša's *Forest Brothers* (Central European University Press), an account of Lithuania's post-war armed resistance against the Soviet Union. Writing under the name Laima Sruoginis, she is the editor and translator of three anthologies of contemporary Lithuanian literature: *The Earth Remains* (Columbia University Press), *Lithuania in Her Own Words* (Tyto Alba), and *Raw Amber* (Poetry Salzburg). Laima Sruoginis is also the translator of *My Voice Betrays Me* (Vanda Juknaitė, Columbia University Press), *Just One Moment More* (Konstancija Bražienienė, Columbia University Press), and *Letters from Nowhere* (Jonas Mekas, Paris Experimental).

Laima Vincė has published her poems in *Poetry Daily*, *The Artful Dodge*, *Agni* and other journals. She also writes as a journalist on contemporary social issues in Lithuania.